Text und Porträt 10

Herausgeber:
Literarisches Colloquium Berlin
Berliner Künstlerprogramm des DAAD

Zsuzsanna Gahse

ÜBERSETZT
Eine Entzweiung

Fototeil: Renate von Mangoldt

Aufbau-Verlag

ISBN 3-351-02810-5
1. Auflage 1993

Lektorat: Thomas Geiger
Umschlag: Ott + Stein
Satz und Druck: Westkreuz-Druckerei Ahrens KG
Berlin/Bonn

Die Vergangenheit einzelner Wörter ist interessant, bis zu einem gewissen Grad aufschlußreich, durch den Aufschluß zum Teil zerstörend, aber dann immer noch interessant, unterhaltsam, und dazu gehört, daß in einem Goethe-Institut, und alle Goethe-Institute vertreten ein Land der Sprache, die ich hier schreibe (ehrwürdige Institute sind sie), in einem von ihnen sagte eine Ausländerin (in dem Land, in dem sich das Goethe-Institut befindet, war sie eine Inländerin, aber von ihrer Sprache her keine Deutsche), daß ihr das Wort Germane gefalle. Germ! Ein Gärstoff! Das sei Aussage und Inhalt des Wortes, sagte sie.
Germ-ane. Ich weiß nicht, wie sie dann weiterdachte. Logisch wäre: Germ-Ahne. Germ ist österreichisch. Sagen wir Hefe-Ahne, Hefevorfahr. Ich werde alles für die Sprache dieser Leute tun.

In der vergangenen Nacht versprach ich mich häufig, und darüber wunderte ich mich nicht, weil mein Kopf eine Art Sehnenscheidenentzündung hat wie der rechte Arm, was durch das Tempo der Computerarbeit entstanden ist, entsteht. Ich schreibe mehr, als ich schreiben kann, daher denke ich mehr, als ich denken kann, Eiweißkörperchen erwärmen, beschleunigen sich, dann gären sie im Kopf. Trotzdem ist es bis zu einem gewissen Grad möglich, mit dem Tempo der Computervorgabe mitzuhalten, der Kopf kann weitgehend mithalten, nur gestern, in Karlsruhe, als wir zu dritt durch die Stadt gingen, in Ausstellungen, und die Gedanken nicht mehr auf ihre herkömmlich schnelle Art weiterarbeiten mußten, aber noch wollten, oder ihrer Gewohnheit ein Stück weit nachliefen, zeigte sich sofort die Sehnenscheidenentzündung, wodurch ich alle Bilder, die wir sahen, schnell anschaute, und am Abend schäumte der Kopf.

Da gibt es das Tempo des Schauens und verschiedene andere Geschwindigkeiten und ihre Auswirkungen, denen ein Lebenslauf ausgesetzt ist.

Ich sagte, es gibt keine wirklich endgültigen Zustände, nur verschiedene Aggregatszustände. Zum Beispiel gärt der Kopf oder tut es nicht, er kann auch einschlafen und schlafend bleiben, aber das ist ihm nicht in die Wiege gelegt worden.

Das meinten auch Andrea und Peter Merz, und obwohl ich es war, die es ausgesprochen hatte, könnte es beinahe heißen, daß sie es waren, die sagten: Wird jemand nach Berlin geboren, hat er den Aggregatszustand eines Berliners. Und wenn er ein Biologe oder eine Lehrerin in Berlin ist, hat er den Zustand eines Berliner Biologen und einer Berliner Lehrerin,

> Vergangene Nacht häufig stolperte meine Zunge, und daran wunderte ich mich nicht, weil in meinem Kopf wie in meinem rechten Arm auch die Sehnenscheide sich entzündet.

und man muß sich vorstellen, welchen Zustand dieselben Leute im Tessin, in Turin, in Toronto oder in Thüringen hätten.

Sie befinden sich in verschiedenen Erscheinungsformen, unterscheiden sich außerdem durch das Tempo ihrer Arbeit, zum Beispiel, und während die Lehrerin in Urlaub geht (sagen wir, nach Toronto) und der Biologe bis in die Nacht im

Labor zu tun hat, erscheinen sie, obwohl beide nach Berlin gehören, verschieden. Dann kommt sie zurück, das Tagestempo wechselt für sie.

Und während des Wechsels von der einen in die andere Erscheinungsform setzt das Interessante an, Schübe von Gedanken, oder sind es Erlebnisschübe? Sobald jemand mehr schreibt, als er schreiben kann, kommen Gewissensbisse auf (jetzt unbedingt an das andere, nächste denken, untreu den älteren Gedanken gegenüber, schnell weiter, ich weiß nichts mehr vom langsamen Aufstehen in der Früh, dem Lesen in der Früh im Bett, während in diesem langsamen Lesen – oder gar nicht langsamen, sondern ruhigen Lesen – der Kopf allmählich fest auf dem Nacken saß, gut fest, ruhig für den ganzen Tag, als hätte er sich Sauerstoff angelesen, so daß er tagsüber ruhig atmen konnte).

Aber seit zwei Monaten stehe ich schnell auf, wache weit früher auf, als ich müßte, und sofort stellen sich Bilder von Mengen ein, die zu erledigenden Mengen, sie sind stolz, stehen stolz vor mir, Mengen sind ein Reichtum, jede Art von Menge ist Reichtum, außerdem ist jede Art von Viel sogar zeitgemäß, nur deutlich muß die Menge sein, wenn sie klar zu sehen ist, paßt sie aufs beste in die Gegenwart, Menge ist Größe, ist viel, viel Haus, viel Blau, viel Reisen, viel Hoch, viel leerer

> Mengen, Größen, Fülle, Ansammlung, Vielzahl, Unsumme, Unmenge, das sind von vornherein deutsche Wörter, ich habe sie nicht übersetzen müssen, was ich hier schreibe, ist nicht übersetzt, sondern von vornherein deutsch. Zunächst einmal ist das sicher.

Platz, viele Stimmen, viele Monitore mit demselben Bild, viel Übersicht. Und Übersicht ist aufschlußreich.

Viel ist gut, weil das Viel eine Übersicht gibt, und mit einer Übersicht kann sich jeder auskennen. Das, bei dem sich jemand auskennt, gehört ihm. Wenn jemand zum Beispiel für einige Wochen verreist, wiederkommt und darüber, was er unterwegs gesehen hat, schreibt, weil er von dem, was er gesehen hat, eine Menge weiß, gehört ihm das, was er weiß.

Darum ist er weggefahren, alle reisen, auch er hat sich auf den Weg gemacht, von Berlin nach Toronto und von Holland nach Kirgisien. Drei Wochen später schrieb er darüber, wie es in Kirgisien ausschaut, teilweise wußte er viel zu schreiben, er wußte, wie Kirgisen sind, er wußte es, je nachdem, was ihm zugestoßen war, wie oft er mit jemandem gesprochen und was er verstanden hat, und wenn er verstanden hat, wie man Leute in Kirgisien kennenlernen und anschauen kann. Er kennt sich aus, drei Wochen sind dafür eine gute Zeit.

Einige Monate sind auch ein gutes Maß an Zeit, seit einigen Monaten lebe ich im Süden Deutschlands, und es fällt mir leicht, über diese Gegend zu reden, leichter als darüber, was ich besser kenne. Hier wird seit mehr als zehntausend Jahren gelebt, seit mehr als zehntausend Jahren gibt es Siedlungen, sogar Ortschaften. Immer haben hier Leute gelebt; dadurch hat sich aber nicht etwa eine eindeutige, eigene Art entwikkelt, die unverwechselbar mit diesem Süden, mit dem See, mit den Bergen zusammenhängt, so ununterbrochen gibt es die Obst- und Schilflandschaften nicht, es war nicht unentwegt so, wie es jetzt ist, das zu sagen, wäre übertrieben,

(un-entwegt, ununterbrochen fallen die Wörter entzwei, entdrei; der Mann, der mit mir im Aufzug stand, sagte heute: unent-wegt, in seinem Mund, zwischen den Prothesen, fiel ihm das Wort auseinander, er hatte drei Blumensträuße in der Hand, drei alte Geburtstage feiern sie heute in diesem Haus, unentwegt kaufen sie einander Blumen, sagte er und klappte schnell wieder den Mund zu)

und es würde sich ausnehmen, als sei der Weg nie unterbrochen gewesen zwischen Leben und Leben und Leben und der Art des Lebens hier, während sie auf verschiedene Art gelebt haben, aber es ist schön zu wissen, daß in dieser Gegend lange schon Leute da waren, und wahrscheinlich ging es allen immer verhältnismäßig gut, sie waren vor zehntausend Jahren etwa so groß, wie wir jetzt sind (während wir jetzt verschieden groß sind), was mit Annehmlichkeiten gleichzusetzen ist, sagte die Fremdenführerin bei den Pfahlbauten, die Menschen hatten beinahe von vornherein ein gutes Essen und viel, aber nicht zu viel zu tun, so daß sie wachsen konnten, aber Zahnkrankheiten hatten sie, wodurch sie wiederum nicht lange lebten.

Wahrscheinlich ziehe ich bald weiter, Peter Merz hat mir in Turin eine Wohnung angeboten, so daß ich diese Landschaft nicht genau kennenlernen werde, mit dem Vorteil, daß ich bei der besagten Übersicht, Leichtigkeit oder sogar Leichtfertigkeit bleiben kann und mich nicht in falsche Genauigkeiten verstricken werde.

An jede Genauigkeit glaube ich nicht. Welche Genauigkeit was zur Folge hat, ist interessant, und welche Leichtfertigkeit was bedeutet, welche Art Leichtfertigkeit welchen Inhalt hat, ist ebenfalls interessant.

Hier gibt es eine Seenlandschaft, viele Ufer sind befestigt, sobald die Alpen sichtbar werden, liegt der See tief, sehr tief, beinahe unter dem Meeresspiegel, und diese Gegend ist mit keiner anderen zu verwechseln, hier liegt nicht Wien, nicht Frankfurt oder Berlin. Das Entscheidende ist, daß hier bei jeder Ortschaft am See im gelben Schild unter dem Ortsnamen das Wort Zollgrenzbezirk steht, überall folgt gleich die Grenze. Das ist angenehm, ein mächtiges Land im Rükken, vor mir die Grenze, so sitze ich heute wieder, während ich versuche, schneller zu schreiben, als ich schreiben kann, andererseits liegen die großen Städte weit entfernt, hier treffen sich die Grenzen, weniger die Leute, und mit der Zeit, nach einigen Jahren, nimmt man hier eine gewisse Ländlichkeit an, nehme ich an.

In Berlin ist rundum überall Stadt, aber sooft ich nach Berlin komme, meine ich, ein Unterrock hänge unter meinem Rock hervor. Was jemand versteckt, muß irgendeinmal heraushängen. Heute tragen nur wenige Frauen Unterröcke, aber früher hatte ich eine hagere Englischlehrerin, die uns mit auffallend verlegenem oder unaufrichtigem Lächeln beigebracht hatte: Drink to me only with thy eyes, and I will pledge with mine. Was sie uns vorsagte, glaubte sie sicher selber nicht, sie hatte mit dem Gedicht nichts zu tun, hätte etwas Vergleichbares selbst nie sagen und ernsthaft denken können, das kann fast niemand, dachte ich damals, von wegen drink to me only with thy eyes, und während sie die Wörter wiederholte, schwenkte sie ein Bein vor und zurück, damit die Wörter musikalisch klangen, sie sollten nicht den wirklichen Inhalt zeigen, sondern musikalisch sein, so daß sie das Bein gegen den Sinn hob, und ihr Unterrock hing vor.

Nach einer Lesung mit einem ungarischen Autor saß ich mit ihm und einem Schweizer Autor in Berlin bei einem ersten und zweiten Schnaps, und auch da hing etwas vor, ich wußte nicht, wie ich sitzen sollte, am Ende sahen sie mir das alle an. Daß ich etwas nicht konnte.

Vor Jahren, in den schweren Zeiten, haben in Ungarn viele Schriftsteller nur von Übersetzungen leben können, dann waren sie wenigstens mit Sprachen beschäftigt und mußten nicht das schreiben, was allgemein von ihnen verlangt wurde, sie hatten ein Stück Weltliteratur vor sich auf dem Schreibtisch, oft bis in die Nächte hinein, und in Ungarn sagten sie, sie seien künstlerische — das heißt: nicht wirtschaftliche — Übersetzer. Es hat etwas Angenehmes, daß die Ungarn zwischen Übersetzungsarten unterscheiden, wobei das Wort, wodurch die Unterscheidung zwischen den verschiedenen Arten zustande kommt, etwas besser mit Werkübersetzer angegeben wäre. Sie sind Werkübersetzer. Und gehe ich dem ungarischen Wort genauer nach, müßte ich sagen, sie seien Kunstübersetzer; selbstverständlich haben sie nicht irgend jemanden, sondern Goethe, Brecht, Grass, vor allem Rilke und Shakespeare, Beckett, Sartre übersetzt. Selbstverständlich wird hier aber fast immer der zunächst nicht berühmte, noch unklassische ungarische Autor übersetzt. Die Positionen sind in keiner Hinsicht vergleichbar, womit die Unehrlichkeiten beginnen, die Lügen in den Übersetzungen.

Dann sagte der Schweizer, eine Übersetzung müsse nicht gut sein, gerade bei der schlechten Übersetzung fühle man das gute Original und seinen Autor, dessen Kraft, das Unverstellte und so weiter. Damit mochte er recht haben. Ich meine, auch er hatte schon wirklich getrunken, und ich weiß nicht, ob er heute bestätigen würde, daß der schlechte Übersetzer besser sei als der gute, aber an seiner damaligen Ansicht ist etwas Interessantes, und so hing, das war einer der

Gründe, etwas unter meinem Rock hervor; der ungarische Schriftsteller war zu uns beiden höflich und lachte nur, mir gefiel der Schweizer ebenfalls. Wir bestellten Kaffee, schließlich aber mußten wir gehen, weil sie das Lokal schließen wollten.

Ich hatte, wie auch immer, falsch übersetzt, und wenn ich dabei an die Englischlehrerin oder mittelbar an die Rocksituation erinnert wurde, stimmte etwas auch mit meiner Frauenrolle nicht, allein schon durch die Unruhe im Gespräch. Dabei scheint Übersetzen etwas Weibliches zu sein, zu Diensten sein. Durchgreifend und unaufdringlich helfen, im Hintergrund bleiben, das sind frauliche Tugenden; bei einem männlichen Übersetzer wirken sie anders, männlich, bei Männern wirkt leicht alles männlich, aber sobald eine Frau übersetzt, kann man sofort erkennen, daß diese Arbeit eine weibliche Arbeit ist.

Also bin ich eine Kunstübersetzerin. Es gibt Kunstleder, Kunstseide, und so gibt es auch Kunstübersetzer. Ich wirke beinahe wie ein echter. Wenn ich gerade nicht übersetze, habe ich meine eigene Arbeit, von der ich meine, sie sei die echte Arbeit, sie sei echt, aber möglicherweise könnte jemand einmal denken, gerade das sei die Kunstarbeit. Wenn zum Beispiel ein Ungar in Berlin auftaucht, ein ungarischer Schriftsteller, weil er sich, wie viele Kollegen aus seinem Land, in Berlin immer wohl gefühlt hat und die Stadt als einen natürlichen Treffpunkt empfindet, wenn er dort ankommt, möchte er selbstverständlich gerne übersetzt werden, und seinerseits denkt er zu Recht, daß ich mich neben meiner Kunstarbeit auch an die wirkliche Arbeit wagen könnte, an das Übersetzen. Oder um es aus dem Ungarischen noch einmal richtig herüberzubringen: an das Kunstübersetzen. So weit über die ersten Stufen der Unehrlichkeit.

Ein Ungar Berlin nach dreht sich, ein ungarischer Schreiber, weil wie Kollegen seine aus dem Land Berlin in immer wohl gefühlt sich und die Stadt ein Treffpunkt für hielten.

Es gibt sehr viel zu tun, und vielleicht kann das einer am besten erledigen, wenn er ab und zu trinkt. Jeder trinkt auf andere Weise, jeder wird jeweils anders, sobald er wirklich getrunken hat, allein schon der Kopf, die Gedanken sind vielfältig bei den unterschiedlichen Leuten, und wie sie dann damit arbeiten können, wenn es viel zu tun gibt, wie sie abschalten, weil es viel zu tun gibt und dann frisch wieder loslegen, und ich kenne Leute, die trinken dann noch weiter, wenn sie schon gut getrunken haben, während ich die anderen, die überhaupt nicht trinken, nie, niemals, noch nicht erwähnt habe. Oder nie mehr! Noch nie oder nie, nie mehr, das sind Unterschiede, und zwar Unterschiede von Welten, wie man zu sagen pflegt. Jemand, der noch nie getrunken hat, oder so: jemand, der sich nie berauscht hat, abschaltet und dann weiterrennt, weil er viel zu tun hat, und das Herz klopft ihm, weil er jetzt wirklich die ganze Kraft beisammen hat.

Oder er trinkt nie, nie mehr, oder er sagt allmählich immer mehr etwas anderes als das, was stimmt, weil er heimlich trinkt, und allmählich beginnt er zu hassen, weil er vollkommen durcheinanderkommt, wann er was zu sagen hat, egal, wen er haßt, es ist egal.

So unterschiedlich sind Leute, und darum gibt es Romane (darum müssen sie übersetzt werden). Ein Unterschied von Welten.

Der erste Mann, den ich kannte, der getrunken hat, war damals höchstens dreißig, aber seine zerfurchte, rauhe Haut, besonders in den Augenwinkeln, machte ihn älter. Er war Maurer, hatte aber nicht Häuser gebaut, sondern sie abgerissen. Freitags bekam er seinen Lohn auf die Hand ausbezahlt, viele Häuser waren noch abzureißen damals, so daß er um seine Arbeit keine Angst haben mußte, und wenn er seinen Lohn hatte, trank er Rum in rauchigen Kneipen, er trank davon so viel, daß er, wenn er nach Hause ging, fragen mußte, ob er an der richtigen Wohnung sei. Er wohnte bei uns, läutete und fragte, ob er da wohne, oder er ging in der Nacht zur Donau und schwankte. Einmal ging er tags zur Donau, lief über die Margarethenbrücke, und unmittelbar neben ihm war ein anderer Mann, der seinen Pelz gerade auszog, ihn auf das Geländer legte und danach gleich über das Geländer sprang und schon stürzte. Unten auf der Donau lagen breite, ruhige Eisschollen, und unten angekommen, konnte er klar denken, sich an eine der Eisschollen klammern, er rief um Hilfe, und jeder wollte wirklich helfen, aber dann war es im kalten Wasser mit ihm doch vorbei. Damals dachte ich, daß der andere Mann, wenn er der Trauer mit dem Trinken noch mehr nachgab, auch in die Donau springen wollte, auf die gleiche Weise, das war eine Kindervorstellung. Als ich ihn vor einigen Jahren, kurz vor seinem Tod, wiedersah, sagte er mir, du, eines Tages springe ich in die Donau. Er goß sich einen Klaren ein, trank und schwankte.

Früher tranken in meiner Umgebung wenige Leute, nur dieser Mann und Bekannte von ihm, die ich in den Kneipen sah, allerdings kannte ich Lieder, die torkelten, als seien sie es, die betrunken waren und als würden sie das Trinken in sich einschließen, so daß außer ihnen keiner auch nur einen Tropfen abbekam, keine verächtlichen Lieder, die von Trinkern erzählten, zum Beispiel von einem Mann, der mit der Flasche am Hals auf die Welt gekommen war und heiter weitertrank; der Maurer aber war nicht heiter, er war niedergeschlagen und grob. Neben den vielen Trinkern, die schreiben und malen, gibt es viele, die nicht trinken; ja woher sollte ich wissen, wovon wirklich die Rede ist, was das ist, sich mit einer Stetigkeit, ausgeglichen also, zu einem Glas zu setzen, an die Versicherung Glas gegen jede andere Sicherheit. Nichts Sicheres unter den Füßen ist auch etwas Sicheres; sicher ist das Sicher tot, und wenn Sicher tot ist, was sollte ich jetzt wissen. Trotzdem möchte ich wissen, wer trinkt und warum, und was er dabei noch tun kann oder (ich habe versuchshalber selber getrunken) was er nicht tun kann, sich selbst verlierend ein für allemal nicht mehr tut, vergißt, sich mehr als sonst erinnert und die Erinnerung vor sich hinstellt, hinsetzt, was wohin umsetzt, verwechselt, absichtlich, ohne jede Absicht, einsichtig, ohne jede Einsicht. Wer ohne jede Einsicht denkt. Und wenn jemand, der Häuser einreißt, Fische verkauft, Vögel fängt, malt, sich Fische und Vögel ausdenkt und das uneinsichtig und nüchtern oder einsichtig trunken macht, konzentriert nüchtern, dann macht der Unterschied Lebensläufe aus, sehr verschiedene Lebensläufe, es gibt viel zu tun, bis alle verständlich werden. Außerdem sprechen alle anders. Sie reden anders, weil sie verschieden sind. Sie sind vollkommen verschieden, darum reden sie anders, und dann ist es interessant, ihre Reden zu beobachten.

Wie spricht das wehe Herz, sagt es richtige Wörter? Ja, schau, schau, traurig, traurig oder warte, warte, warte, warte. Immer spricht es mit Wiederholungen, wie ein Südländer. Aber das Herz ist nicht bedacht, und es ängstigt sich selbst, auch mit den Wiederholungen, wobei dieses Leid von Anfang an Angst ist, und zusätzlich macht es sich noch Angst.

Gestern, in Karlsruhe, sagte Peter, er verstehe nicht, daß jemand immer arbeitet, ich sei selber schuld, wenn ich mir zu viel auflade, und er würde bei so viel Geschäftigkeit alle Ideen verlieren.

Ich weiß nicht. Möglich ist immerhin, daß in der Eile sogar zusätzliche Gedanken entstehen. Ich bin in einem anderen Zustand als er.

Wie diese Arbeitsmengen aussehen, kann er sich nicht vorstellen, er lebt ein anderes Leben als ich. Er schaut sich vor allen Dingen um, und ich renne vom Schreibtisch in die Küche und zurück, dabei bin ich blind, hänge an einzelnen Wörtern, und wenn ich mich von ihnen nicht losreißen kann, schlage ich nach, was eines dieser Wörter früher bedeutete, wie es vor dem Heute aussah, und damit schaue ich auch, aber anders als er. Er stammt aus dem Allgäu und kann jederzeit dort hinfahren, er sagt, er besuche seine Mutter zu Hause, das tut ihm bestimmt gut. Gut ist ein Ort, an den jemand ohne viel Aufhebens zurückfallen kann. Weglaufen und zurückfallen. Er sagt, seine Mutter sei, na ja, weit von ihm entfernt, und in Abständen müsse er sie trotz der Entfernung besuchen. Bei ihm ist alles anders als bei ihr, er wohnt anders, seine Küche ist keine wirkliche Küche, sondern ein Raum, den er verändert hat, ein neu erfundener Raum mit Dingen in den Regalen, die sie weggeworfen hätte, und in dem veränderten Raum kocht er sich das Essen, das seine Mutter so nicht kennt, und er trinkt seinen italienischen Rotwein, da er in Turin wohnt. Und er wäscht seine Wäsche selbst, was seiner Mutter leid tut.

Von den bildenden Künstlern, die ich kenne, tun viele fast alles allein, im Gegensatz zu den Schriftstellern, die ich kenne, die Schriftsteller sehen auch anders aus – jeder sieht aus, wie er ist. Einige haben ähnliche Küchen wie Peter, haben aber Frauen, die in ihren Wohnungen leben, und das verändert nicht nur die Arbeit am Schreibtisch, sondern auch das Wohnen und das Reisen, sie fahren gemeinsam, die Arbeit nimmt sich bei ihnen anders aus als beispielsweise bei Peter, der in einer alten Fabrik mit einer Malerin wohnt, mit der er sich nur selten unterhält.

Auch Kelemen lebt mit einer Frau und einem kleinen Kind und kümmert sich nur um seine eigenen Bücher.

Kelemen legte mir eine zwanzig Seiten lange Erzählung auf den Schreibtisch, die ich für ihn übersetzen sollte. Sagen wir, alle ungarisch schreibenden Autoren, von denen hier die Rede ist, heißen Kelemen. Meist sind die ungarischen Namen ohnehin schwer zu merken. Kelemen schreibt sehr lange Sätze. Seine Sätze sind nicht zu vergleichen mit den langen Sätzen von Kelemen, dem es darum geht, eine logische Gedankenkette in einem Satz unterzubringen, so, daß trotz der Länge oder gerade durch sie und trotz der Umständlichkeit schließlich etwas, eine innere Bewegung oder ein äußeres Geschehen vor allem in den Zusammenhängen geklärt wird. Im Gegensatz zu diesen sind Kelemens Sätze eher einem Wirbel vergleichbar, einem Stimmungswirbel, der den Leser mitreißen, zum Teil auch verwirren oder kippen will, und zur Stimulierung liegen in den langen Wirbelsätzen ausgefallene alte oder ländliche Wörter. Ich versuchte, einen Abschnitt zu übersetzen, um Kelemens Sprache auf deutsch zu sehen.

Welches Deutsch? Gibt es eine Entsprechung für seine Sprache? Und hat diese Entsprechung, nach denen er unter den Wörtern und Wortfügungen, die er in seiner Sprache zwar kannte, aber suchen mußte, in einer anderen Sprache auf ihn gewartet, oder ist sie vielleicht gar nicht wirklich vorhanden? Vier verschiedene Möglichkeiten habe ich gefunden, und wenn es vier Möglichkeiten gibt, ist keine sicher, sicher gibt es auch eine fünfte und sechste, und jede für sich ist eine Art Lüge.

Lüge, das uralte germanische, nicht nur germanische Wort, hängt mit Leugnen zusammen und mit Locken wahrscheinlich. In dem entsprechenden ungarischen Wort höre ich keine Verwandtschaft zu anderen Wörtern. Mit dem uralten finnischen Wort, mit dem es zusammenhängen könnte, hängt es nicht zusammen.
Zum Lügen gehört das Gewissen, ein Wissen, einiges an Wissen, das in jemandem zusammentrifft. Das Wort, das im Ungarischen dasselbe bedeuten will, das ich jedesmal wirklich mit Gewissen übersetzen muß, ich muß es, heißt wörtlich Seelenkenntnis.

Ich übersetze aus dem Ungarischen, und in Ungarn leben die Ungarn, die ungarisch sprechen und schreiben, und das von mir Übersetzte ist deutsch für Deutsche. Es gibt Deutsche, und es gibt Ungarn. Es gibt auch ein Dazwischen, weder Deutsche noch Ungarn, und allmählich wird aus diesen etwas Drittes. Für diese Dritten könnte man allmählich Lebensläufe ausmalen. Wer das dritte noch nicht ist, und den einfachen Hintergrund auch nicht mehr hat, ist ein Fährmann und soll fahren.

Es ist komisch, wenn jemand sagt, die Ungarn, und er kommt selber aus Ungarn, und wenn er sagt, die Deutschen, und er ist ein Deutscher. Diejenigen, die sich zwischen den beiden Ländern befinden, sagen immer etwas, das komisch klingt.

Natürlich sind Deutschland und Ungarn nicht gleich. Auch Österreich und Ungarn sind nicht gleich, auch wenn Ähnlichkeiten bestehen. In beinahe ganz Ungarn sind die

Winter kälter als in Wien, und mit den deutschen Wintern haben sie nichts gemeinsam. Jetzt allerdings ist Deutschland so groß, daß es schwerfällt, etwas so Einfaches zu behaupten. Ich kann kaum noch etwas behaupten.

Dabei gibt es viel zu tun, und vieles muß man allein tun, allein die Wörter zerreißen und sehen, was von ihnen bleibt, was bleibt, wenn eines von ihnen wegfällt.

Nachdem ein Abschnitt von Kelemens Erzählung übersetzt war, schaltete ich den Computer aus, kochte mir in der Küche, deren Fenster nach Osten geht und mittags noch recht hell ist, eine Suppe und ließ die Übersetzung liegen. Nebel über dem See, die Alpen waren nicht zu sehen. Das war vor etwa vier Wochen, kurz nachdem ich von Holland zurückgekommen war.

> Unübertrefflich, machte ein Ende dem Umherbrausen das Innewerden, ist das, donnerte in meinem Kopf der Am-Anfang-war-Satz, im tieferen Sinne auch, und die zunächst noch fluchende Verneinung gewandte Erkenntnis, nämlich, daß ohne das Buch der Bücher, ohne die Bibel, ohne die FORM, die diesen mein Wesen zusammenhaltenden Inhalt aufnimmt, gibt es keinen Herrn, nun also, die betroffene Erkenntnis in ein richtigeres Becken lenkend, die Verleugnung abweisend, ein und für alle Zeiten das für ein Mißverständnis beurteilend, fühlte ich, wie ich immer weniger traurig war durch die Angst, daß ich an dem Platz vielleicht sterben würde.

Es gibt viel zu tun, und nehmen wir an, wir reden von der Stein, wieder von der Gertrude Stein (es ist beinahe die einzige Möglichkeit, sie, die vom Wiederholen lebte, zu wiederholen, nicht für immer, aber zunächst einmal), es tut gut, sie noch einmal anzuschauen, was sie machte und wie sie ihre Gedanken ausbreitete, verlangsamte, um sie von jeder Seite zur gleichen Zeit zu sehen. Ähnlich wie damals auch die Maler. Ähnlich ist natürlich nicht gleich. Natürlich aber kommt, wenn jemand schreibt und nicht malt oder mit Figuren zu tun hat, etwas anderes zustande, sobald er alles von jeder Seite anschaut. Zu schreiben ist etwas anderes als zu malen, zu zeichnen, Ähnlichkeiten sind im Schauen möglich, und sie hat auf einfachste Weise alles, alle Seiten einer Sache gleichzeitig zu sehen versucht, wie damals einige ihrer malenden Freunde.

Vielleicht ist es nicht möglich, ohne Freunde auszukommen, ohne solche Freunde, die malen und in Bildern und Körpern denken. Wahrscheinlich ist es wirklich unmöglich. Der Einfachheit halber heißen alle bildenden Künstler, die mir etwas sagen, Peter, alle aber, denen es mit ihnen wie mir ergeht, heißen ich, und dadurch wird verständlich, daß Peter und ich miteinander weiterkommen, wir brauchen einander, ähnlich wie die Stein ihre Freunde brauchte, und sie kam mit den Vorstellungen der anderen voran. Sie kam voran.

Von dem, was es alles zu tun gibt, ist selbst das, was abgeschlossen zu sein scheint, noch nicht vollkommen fertig, so leicht ist nichts fertig. Aber wenn jetzt jemand Lust hat, auf ihre einfache Art zu schauen, etwas von vielen Seiten zu schauen, auf eigene Weise fortzuführen, fällt er auf die Nase, nicht, weil nichts fortzuführen wäre, sondern weil sich manche dagegen wehren. Alle, die noch fortgeführt werden sollten, heißen Stein.

Jeder hat alles schon gemacht. Trotzdem ist es notwendig, sogar notwendig, einiges fortzuführen. Wenn etwas niemand fortführt, bleibt das Etwas dort, wo es war und wird vergessen.

Kelemen kennt die Stein, sonst ist sie in Ungarn kaum jemandem bekannt, in den Buchhandlungen kann man sie auf ungarisch so gut wie nicht bekommen. Die wenigen vorhandenen Übersetzungen sind zu weich, die Sätze sind nicht sparsam, sind gleichgültig, nicht spannend, und auch bei anderen, die Stein genannt werden sollten, fehlt die Verknappung, das, was sie erreicht haben, die Vereinfachung fehlt in der Übersetzung.

So ist auch das, was fortzuführen wäre, nicht wirklich vorhanden, alle, die die Stein gelesen haben, haben etwas anderes gelesen, rühren in ihrem Kaffee und haben die Inhalte wieder vergessen, sagen sie, und ohne solche Inhalte, denken sie, was sollen sie schon reden, selbst Kelemen ist ratlos, lehnt sich zurück, seine Augen springen, müssen wir darüber noch weiterreden, fragt er, steht auf, holt sein neuestes Buch vom Regal, widmet es mir freundlich: da seien Inhalte drin!

Es ist unverständlich, daß eine Sprache ohne ihre Sprache auskommt. Ein Jahrhundert sind hundert Jahre, und hundert Jahre können nicht vergehen, ohne daß sie jemand bemerkt. Ich kenne Kelemen wirklich lang genug und auch den anderen Kelemen, und es geht mir nicht in den Sinn, wieso mich das, was er schreibt, interessiert, während er das, was ich kenne, so nicht kennt.

Als Kelemen ankam, war ich gerade an dem, was ich die eigene Arbeit nenne, das ist Michaels Geschichte, nicht seine ganze Geschichte, sondern die seiner Kehlkopfkrankheit und Sprachlosigkeit. Vorher war ich mit Peter in Holland, der dort eine Ausstellung, eine Installation vorzubereiten hatte, und wieder zurück am Bodensee, setzte ich mich bequem hin, las die vierunddreißig Seiten durch, die ich über Michael schon geschrieben hatte, so daß ich mir das, was ich denken wollte, wieder vorstellen konnte. Da liegt natürlich ein Unterschied, ein zeitraubender Unterschied zwischen Peter und mir. Wenn er zu einer Arbeit zurückfinden will, betritt er einen Raum, dort steht das schon Gemachte, das er sich anschaut, er geht um seine Arbeit herum oder stellt sich davor und sieht sie, aber ich muß Seiten lesen und kann die Seiten niemals wirklich gleichzeitig im Kopf haben.

Die Geschichte um Michael möchte ich nicht verfremden, darum heißt er so und nicht Mihály, wie er heißen müßte, und was eher zu ihm paßte, weil das ernster klingt. Bisher hat mich, selbst im Heiteren, nur das Ernste angezogen. Michael ist krank und kann zur Zeit nicht reden, das habe ich bereits beschrieben. Was er sagen will, notiert er in ein Heft, in sein sogenanntes Gesprächsheft. „Mir ist es heiß, bring mir das Handtuch", schreibt er, und dahinter steht dann (inzwischen allerdings hat er sich das Gesicht getrocknet): „Homer scheint mir heute müde oder grau, also bin ich müde, am Ende habe ich mich verändert. Das ist die Krankheit."

Er schreibt Sätze, die er sagen will. Weil er sie nicht oder nur mit Mühe sagen kann, schreibt er sie, und solche Sätze haben den meisten Sinn. Seit Jahren hat er Schmerzen im Hals, nun auch im Becken, hat Fieber, Schluckbeschwerden, die letzte Operation liegt zwei Wochen zurück, er hat Morphium bekommen, wollte ich schreiben, und wie schon seit einem Jahr wollte ich weiterschreiben, damit einmal davon die Rede ist, wie sich Sprache und das allgemeine, tägliche Reden unter solchen Umständen verändern, und bevor ich weiterschrieb, mußte ich ein Bild davon haben, wie sich ein Mann heute ausnimmt, der von Traditionen ausgeht und doch in der Gegenwart steht, einen Schritt sogar voraus, wie man sagt, jemand, der sich für die Vergangenheit interessiert, aber so sehr für die Gegenwart, daß er dadurch einen Schritt voraus scheint, ein solcher Mann wäre ähnlich ernsthaft, wie Mihály es war, als er lebte — aber ich schreibe über ihn, als würde er heute leben, daher muß ich wissen, was Fortschritt für ihn heute wäre — das muß sich in seinen Sätzen spiegeln, und dazu mußte ich mir ein Bild von ihm machen, das ich einmal schon hatte, jetzt mußte das Bild wieder leben, Mihály von der linken Seite, von der rechten Seite, seine Empfindungen nach Westen und nach Osten hin — wären sie meinen wirklich vergleichbar? — und unter Mihály das Bett, weil er jetzt lag. Da rief Kelemen an, daß er mit seiner Frau und dem kleinen Sohn in der Nähe sei und gleich eintreffen würde.

Es ist so, daß sich Kelemen darauf ausrichtet, was er schreibt. Er schreibt, sonst muß er nichts tun, anders geht es auch nicht, sagt er. Zur Zeit aber dreht er in Südfrankreich einen Film, eines seiner Bücher wird verfilmt, und er wird dabei sein, was sein Leben ändert, außerdem hat er zur selben Zeit angefangen, sein Leben zu beschreiben, von diesem Manuskript gab er mir zwanzig Seiten, die ich bis zum Ende der Woche übersetzen sollte. Dann könnte der Text bald erscheinen, eventuell, und er hätte Geld. Für die Veröffentlichung hat er eine Möglichkeit im Auge, nicht sicher, natürlich ist nicht sicher, ob ich bezahlt werde. Kelemen war niedergeschlagen, als er mir das berichtete, und er stocherte in den Auberginen, nun mochte er sie gar nicht mehr. Als sie wieder abfahren wollten, war der kleine Junge auf dem Fußboden eingeschlafen, sie hatten noch eine weite Reise vor sich, und ich versprach, die zwanzig Seiten sofort zu übersetzen, so daß ich das Schreiben über Michael für eine Woche unterbrechen mußte.

Dabei war ich in einem guten Zustand und wäre gerne mit mir allein geblieben, mit dem, was mir einfiel. Vorher, in Holland, hatte Peter seine großen Glasbilder ausgestellt, eine Woche lang sah ich die klaren Farben am Glas. Es gibt das Tempo des Schauens und verschiedene andere Geschwindigkeiten und ihre Auswirkungen, denen ein Lebenslauf ausgesetzt ist. Endgültige Zustände gibt es nicht, alle sind vorübergehend, aber eine Woche in Holland, tags die Glasbilder, abends die Kneipen, abends an einem Tisch sitzen und lange reden und tags die kühle, überwältigende Klarheit der jetzt guten Ausstellungen zu betrachten (wir waren in Eindhoven und in Amsterdam), die Gläser, die Peter aufgestellt hat, anzuschauen, die Wände abzumessen, eine nackte Wand, das Licht, das auf die Bilder fällt, genauer anschauen, ist nützlich.

Und ich freute mich über das Ausland in Holland, es lebe das Ausland, der Südländer mit seinen südländischen Angeboten, Kreuzkümmel, Olivenriesen und dunkle Zwergoliven und spanische Trauben, das Südlandrefugium in Breda, in Holland, das so flach ist wie Ungarn, aber so viel leichter in die anderen europäischen Sprachen umgesetzt werden kann, erst recht ins Deutsche. Holland liegt näher als Ungarn.

Wir wohnten im Dachgeschoß einer Kaserne, das Bett stand unter der Dachluke, und nachts lag der riesige Himmel von Breda über diesem Fenster, im ganzen Haus roch es nach Farbe. Vom Militär, das vorher in dem Haus gesessen hatte, war nichts zu spüren, nur von Improvisation, selbst die eisernen Stufen zwischen den Stockwerken nahmen sich improvisiert aus. Ich möchte das nicht interessanter sagen, wozu mich anstrengen, wenn ich keine Lust dazu habe, unter anderem ist Stil eine Frage der Lust, einer absoluten Lust, und wenn ich mit dem Kreuzkümmel, mit dem ich zufrieden war, mit dem im toleranten Holland gekauften Gewürz zufrieden war, weil ich auch beim Riechen an die entspannten Gesichter der Holländer und der holländischen Ausländer erinnert wurde, an die Gesichter ohne Arg, dann muß ich nachträglich auch nur zurückschauen und könnte die Einfachheit mit jeder Art Stilwillen zerstören, jeder Wille würde über die in Breda gegebene Einfachheit hinausschießen, über die Einfachheit der Galerie, der ehemaligen Kaserne, während das Auffallende auch an dem Gebäude das nicht Willentliche war (wie sich das allerdings mit einer Willenlosigkeit und sogar einer Plumpheit kreuzen und sich verkümmeln könnte, ist trotzdem eine Frage).

Es ist merkwürdig, Peter zu sagen, wenn Peter etwas wie ein persönliches Fürwort ist, während persönliche Fürwörter so persönlich nicht sind, jeder kann zu sich selbst ich sagen und zu jedem Mann auf der Welt er, aber wer Peter für mich ist, sagte ich schon. In den Vormittagsstunden war er drei Tage lang damit beschäftigt, die farbigen Gläser aufzustellen, und ich sah auch den Staub und die Dellen in den Wänden oder den Unterschied von Sonne und der fehlenden Sonne an den Gläsern, nur sah ich nicht annähernd so viel wie er, er schaute sehr genau, war an den Vormittagen beinahe vollkommen still und so bei sich, daß er auch noch am Nachmittag bei sich blieb, das war sein Zustand, der sich erst am Abend mit dem Wein und mit dem Reden änderte. Wir sprachen und kamen weiter und entwarfen ein gemeinsames Buch, das unsererseits inzwischen fertig ist, obwohl die Idee erst vier oder fünf Wochen alt ist, ein Buch, das ihm gehört und mir gehört und in Reykjavik erscheinen wird und in dem die Zeit und das Zeitraffen sichtbar zur Geltung kommen, wir kamen abends gut weiter miteinander, und während ich ihm vormittags zuschaute, wurde ich ruhig. Es gibt viel zu schauen, und das Schauen macht mich jedesmal ruhig. Eine Weile fallen die Wörter weg, später, während ich zuschaue, entstehen sie von selbst, und meistens sind es dann neue Wörter mit einem veränderten Widerstand. Am Abend, vor der Ausstellungseröffnung und bevor der Fotograf kam, mit dem er einen Teil der Arbeit, die zur Ausstellung gehörte, noch zu erledigen hatte, war mit Peter nicht mehr zu reden, für ihn hatte sich einiges verdunkelt, und wir kamen mit keinem Satz voran. Nachträglich ist auch das interessant. Aber als er an den übrigen Vormittagen mit sich einig war und, um jeden Zentimenter bedacht, seine großen Gläser aufstellte, holte ich meinen kleinen Block hervor, begann zu schreiben und entspannte mich.

> Holland ist wie Ungarn, nur mit dem Wasser verhält es sich anders. Entsprechend auch mit den Kellern und je nachdem, wie weit jemand hier folgerichtig weiterdenkt.

Wahrscheinlich werde ich mich entscheiden müssen. Entweder Peter oder Kelemen.

Jetzt. Das war immer schon ein interessantes Wort, jetzt muß ich mich entscheiden, heute. Heute, das ist ein bestimmter Tag. Entweder Peter oder Kelemen, es wäre wichtig, die beiden klar gegeneinander antreten zu sehen, und das muß heute sein.

Ist es nicht vielleicht wichtiger, bei meiner Sprache zu bleiben, es gibt viel zu tun, und in meiner Sprache, die keine Sprache ist, steckt vielleicht eine neue, die sich umschaut.

Als ich heute morgen von Karlsruhe zurückkam, fand ich im Briefkasten ein Buch von Kelemen, das ich für einen Berliner Verlag lesen sollte, vielleicht wird man es übersetzen, vielleicht werde ich das tun.

Vielleicht fange ich mit dem Lesen gleich an, dann habe ich schnell einen zeitlichen Überblick, was ich später noch zu tun habe. Später werde ich über Michael nachdenken. Vielleicht werde ich mich erinnern, was ich im Zusammenhang mit ihm denken wollte.

Die heikelste Angelegenheit ist die Erinnerung, und besonders heikel ist, wenn sich jemand nicht erinnern kann, wohinter fast nur stecken kann, daß er sich nicht erinnern darf. So müssen sich viele genau überlegen, woran sie sich erinnern, und das heißt, sie müssen überlegen, was sie reden, das muß ich auch.

Ich weiß nicht, ob ich über das, was ich tue, heiter oder besser mit einem Schrecken reden sollte, so daß auch ein Stück von Wut mitspielt. Daß ich das nicht weiß, ist eine Aussage. Wenn ich es nicht weiß, bin ich weder wütend noch niedergeschlagen und bestimmt auch nicht so heiter, wie es sonst jemand in einem anderen Rausch sein könnte, die Betrunkenen, die ich kenne, sind niedergeschlagen oder heiter, sie sind gestimmt, ich bin auch gestimmt, sie sind aber von ihrem Gefühl her gestimmt, und das ist, was ich nicht bin. Nur der Kopf hält mit. Das ist auch nicht ganz wahr, einen Kopf ohne Gefühl (Kopfgefühl, nur unter anderem) kann ich mir nicht vorstellen, und auch unabhängig davon ist durch das Gären der Eiweißkörper im Kopf ein Gefühl, und gerade das Gären betäubt; der Kopf hält mit, der würde auch noch schneller mithalten. Ich habe einen Rausch, das ist wahr, aber ich habe nicht getrunken; und ich fühle so gut wie nichts. Irgend etwas verliert man immer bei jedem Rausch. Irgend etwas ist gewonnen dabei, aber etwas anderes verloren, und ich habe nicht die Stimmung, die andere haben, die viel Wein getrunken haben.

An einiges kann ich mich natürlich ganz gut erinnern. An die Galeristin, die in Karlsruhe die Hände nicht aus der Hosentasche nahm und mit dem Kinn auf die Bilder zeigte, oder an das Mädchen, das vergangene Woche hier in Überlingen vor dem Haus lag und sich nicht rührte, auch wenn sie jemand ansprach nicht, weil sie weit weg war, wo nur, später hatte der Krankenwagen sie mitgenommen, sie war barfuß, das weiß ich, wahrscheinlich werde ich am wenigsten ihre Füße vergessen, und natürlich erinnere ich mich an die Abende, wenn meine Eltern Besuch hatten, das Einfachste ist, etwas von den Eltern im Gedächtnis zu behalten, und als die Besucher kamen, wußte ich weder, daß es Ungarn noch daß es Deutschland gibt, ich war zu Hause, mein Vater brachte spät abends noch einen Kaffee, alle hielten die Köpfe ans Radio, um hinter der landesweiten Sendestörung einige glaubwürdige Nachrichten zu hören, und sie sprachen über Mihály, zum Beispiel, und das war wichtig, aber für die Entscheidung, was ich über Michael schreibe und auslassen will, muß ich einiges lesen, weil es lange her ist, daß ich an ihn gedacht habe, obwohl ich mir oft vorwerfe, warum ich nicht an ihn denke, was ist bloß mit seinem Kopf, wenn er nicht sprechen kann, aber ich denke nicht wirklich an ihn und kann nicht um die Seiten, die geschrieben stehen, herumgehen, um sie von jeder Seite zu sehen, ich muß alles noch einmal lesen.

Wieder sagte ich zu Peter, daß sich Gedächtnis und Erinnerung unterscheiden, und er sagte, wie früher schon, daß er das gut verstehe, ja, die Erinnerung, ja, aber das Gedächtnis interessiere ihn nicht, dann vergaß er das wieder.

Nehmen wir an, es gibt Dinge, die sich selbst entscheiden. Dinge, die wirklich sind, die nicht nicht sind, die zeigen, indem sie vorhanden sind, indem sie sein tun und sich damit zeigen, ihr Sein zeigen, oder einfacher: indem sie zeigen, daß sie einen Verlauf haben, ihren Verlauf, daß sie da sind. Sie zeigen ihr Gesicht. Sie zeigen, was sie wollen. Und damit tragen sie in sich, was sonst Entscheidung heißt.

Oder anders. Es gibt Dinge, die haben, weil sie wirklich sind, einen wirklichen Verlauf, daher braucht nur dieser Verlauf betrachtet zu werden, wodurch sich Entscheidungen erübrigen. Wenn der Verlauf sich deutlich zeigt, ist der Verlauf die Entscheidung, und eine andere Entscheidung, die blinde, erübrigt sich.

Ist es so?

Gibt es eine blinde und eine nichtblinde Entscheidung? Und gibt es das, daß sich jede Entscheidung erübrigt?

Abenteuer
Aventure
Abenteuer
Abendtour
Abend teuer
Nacht teuer
die Nacht durchteuern.

Ich hatte keine Zeit, an Holland zurückzudenken, das heißt, ich durfte mich nicht erinnern, obwohl es gut gewesen wäre, nichts zu vergessen. Ich fahre ja nicht oft nach Holland. Die eine Woche war für mich dort die erste Woche. Eine Woche ist ohnehin ein gutes Zeitmaß, innerhalb einer Woche sind es fast nie zu viele Menschen, die jemand kennenlernt, es sind fast nie zu viele Landschaften, die jemand gesehen hat, eine Woche ist aufschlußreich; eine Woche Abwechslung weckt auf, und wenn eine Woche zu viel Abwechslung bringt, ist das doch fast immer auszuhalten, abhängig davon, was in dieser Zeit wechselte (und eine Woche ist Honig).

Nichts vergessen dürfen beansprucht zum Teil das Gedächtnis, aber nichts vergessen und sich erinnern sind trotzdem verschiedene Dinge. Nichts zu vergessen oder etwas nicht zu vergessen, erfordert Gedächtnis, und in allen Personen liegen schichtenweise Gedächtnis und schichtenweise Erinnerungen, diese Schichten haben aber miteinander keine Ähnlichkeiten.

Als ich vor zwei Jahren Kelemens Buch abgeschlossen, das heißt zu Ende übersetzt hatte, waren es Schichten, die von mir wegfielen, das habe ich sehen können. Da bin ich, dachte ich. Kurze Zeit später, einen Tag später, war ich dann noch näher an mir. Kam immer einen Schritt weiter, sogar wenn ich schlief, und während sie aufgehoben wurde, sah ich die Entfernung, die vorher unbemerkt entstanden war und wie groß sie gewesen war.

Ich war mir wieder näher, und was ich jetzt Nähe nenne, war auch in der vorangehenden Zeit vorhanden, nur lagen darüber andere Schichten, Kelemens Buch mit allen Details, Kelemens Stimmungen und seine Verfassung lagen darüber. Damals war das genau zu beobachten, und um nicht zu vergessen, wie es mit dem Schichtenwechsel war, schrieb ich mir einige Bemerkungen auf, nur finde ich das Geschriebene nicht wieder, so daß ich fast alle Einzelheiten wieder vergessen habe. Aber ich weiß, daß ich schnell wieder zum Vorschein kam, als die Arbeit vorüber war, weil das, was für Kelemen damals zu leisten war, dem, was ich leisten will und wollte, nicht widerspricht (widersprach), und darum war es keine wirklich gefährliche Sache, für Kelemen eine Sprache zu finden, für ihn konnte ich mit den Sprachen, die in meinem Kopf stecken, eine Entsprechung finden. Ganz anders ist es aber bei Kelemen, der etwas anderes leisten will als ich, für den Genauigkeit zum Beispiel etwas anderes bedeutet, schon das ist sehr aufschlußreich, wie sich das unterscheidet, was Genauigkeit heißt. Einmal will die Genauigkeit ausführlich sein, sich ins Kleinste hineinzwängen, ein anderes Mal mit einer einzigen Bewegung schlagartig das Wesentliche zeigen, und schon diese beiden Möglichkeiten unter vielen anderen sind entgegengesetzt, so daß sie nur schwer gleichzeitig zu denken sind, denke ich die eine, muß ich die andere vergessen und kann die andere nicht erinnern, und weil also Kelemen nicht schlagartig verdeutlichen will, sondern sich in die Einzelheiten begibt, um sich dort unter anderem auch zu verpuppen, braucht der Übersetzer, viel mehr die Übersetzerin, weil das Übersetzen eine weibliche Arbeit ist, einen anderen Kopf als für Kelemen, der plötzlich und in der Verkürzung verdeutlichen will.

Wenn sich der Autor, der das Original schrieb, verpuppt, verpuppt sich auch der Übersetzer. Der Kopf des Übersetzers verpuppt sich, der Kopf dessen, der die Verpuppung umverpuppt, setzt sich in die Verpuppung über. Er sitzt in einem Knäuel, und wer zieht ihn wieder heraus?

Etwas durchsichtig klären, etwas bis ins kleinste Detail zu erörtern; das sind zweierlei Genauigkeiten. Kelemen und Kelemen darf man nicht verwechseln.

Um sie aber nicht zu verwechseln, ist es wichtig, zu wissen, daß Ungarisch nicht wie Deutsch ist! Nicht nur Ungarn ist anders als Deutschland, wie das bis zu einem gewissen Grad bei allen Ländern der Fall ist, sondern auch die beiden Sprachen unterscheiden sich stark.

Wenn in Ungarn jemand über eine Frau spricht oder schreibt, kann man die Frau manchmal mit einem Mann verwechseln. So ist es zum Beispiel nicht unmöglich, daß Kelemen selbst eine Frau ist. Wieso auch nicht. Es gibt auch weibliche Schriftsteller.

Wenn in Ungarn jemand, weiblich oder männlich, über eine Person spricht und sagt, diese Person sei in ein Café gegangen, geradewegs in das allen bekannte, teure Gerbeaud, um am hellichten Morgen zwei Cognacs hinunterzukippen und sich dabei verhalten, übertrieben leise mit einem Mann zu unterhalten, ist diese Person, die nämlich, die den Cognac trinkt, entweder ein Mann oder eine Frau, das muß der Zuhörer oder der Leser von vornherein wissen. In Ungarn kann niemand sagen: er oder sie oder es. Für alle diese Wörter gibt es nur ein Wort, und es ist wirklich interessant, daß die Leute überall in Ungarn trotzdem fast immer wissen, ob von einem Mann oder von einer Frau die Rede ist. In Deutschland sieht das anders aus.

Ich muß alle Unterschiede der beiden Sprachen aufzählen, außerdem von allen Leuten reden, die allein schon in Ungarn mit ihrer einzigen Sprache unterschiedlich umgehen, aber weil noch anderes zu tun ist, fällt dann oft das einfache Wort Ungarn, ein zusammenfassendes Wort, wie auch er oder sie oder es nur zusammenfassen können, sie geben nichts als einen Ausgangspunkt, denn für jeden einzelnen (Menschen) müßten Fürwörter erfunden werden, und in Ungarn faßt man die Leute so zusammen, daß sie nicht einmal in die bekannten drei Gruppen getrennt werden, als wollten die Leute selbst diese Ausführlichkeit einsparen.

Bestimmt gibt es nur wenige Leute, die übersetzen, wenn sie sich dafür nicht interessieren oder für anderes mehr interessieren, allerdings übersetzen fast alle, weil sie damit zu helfen meinen. Es gibt einige sogenannt kleine Sprachen, das sind die, die nur wenige verstehen, auch wenn die Sprachen an sich sehr groß und zum Beispiel von der Struktur her interessant sind, und wenn zum Beispiel die Schriftsteller der kleinen Sprache gerade auf die Strukturen aufmerksam geworden sind und versuchen, ihre eigene kleine Sprache, so groß wie sie eben ist, noch größer zu dehnen, ist es eine Hilfe, irgend etwas Ähnliches in einer großen oder bekannten Sprache nachzuvollziehen, nachzuspielen.

Es ist spannend, was Kelemen zur Zeit am Ungarischen zu verändern sucht, er macht das Ungarische durchsichtig, biegt es, macht mit ihm, als sei es ein lustiges Pferd, kleine Sprünge. Und ich halte es nicht für ausgeschlossen, daß sich dadurch auch das Deutsche leicht einmal mehr, das heißt noch einmal verändern läßt, wenn im Deutschen das, was sich Kelemen auf ungarisch überlegt, nachinszeniert wird.

Nachdem Kelemen mit Sohn und Frau hungrig von mir abgefahren war und ich die Auberginenreste, die ich selbst nicht mehr essen mochte, weggekippt hatte, holte ich seine zwanzig Seiten vom Schreibtisch, setzte mich zu einem Kaffee und las den ganzen Text. Er schrieb von seiner Jugend auf dem Land, zwanzig Seiten über einen kurzen Zeitraum, über nicht viel mehr als einen Tag, über einen Herbststurm im Osten Ungarns, die holprigen, durchlöcherten, geflickten Landstraßen, in denen sich das Grau festgesetzt hat. An diese Straßen habe ich lange nicht mehr gedacht.

Lange habe ich an diese Straßen nicht mehr gedacht. Darüber schrieb er, wie sich dort das Grau festgesetzt hatte. Aber die Ungarn sind seit Jahrhunderten beinahe immer arm und waren immer schon genügsam, haben an Bescheidenheit eine Weile noch lernen müssen, auch an den Zeiten sind sie arm, das waren sie von Anfang an, von jeher, so daß die ersten beiden Sätze bei ihnen hießen: An die Straßen dachte ich nicht, er schrieb darüber, daß sich das Grau festsetzte. Als sei alles gleich lang vorbei. Wenn etwas vorbei ist, ist es vorbei. Entweder ist jetzt etwas da, oder es ist schon vorbei, oder es wird sein. Eine andere Vorstellung hat die Sprache nicht, und wenn die Sprache sie nicht hat, können das auch die Leute, die sie sprechen, nicht haben. Was sich jemand mit einer einzigen Vergangenheit vorstellt, müßte genau beobachtet werden, und ich müßte beobachten, welche Vorstellung ich habe, da ich anfangs nur diese einzige Vergangenheit kannte und mit ihr meinen Kopf einzurichten hatte, bevor ich die reichen deutschen oder noch reicheren anderen Vergangenheiten kennenlernte oder die so überaus einfache Vergangenheit der Bibel.

Dabei möchte ich wirklich nicht nur über Reichtum und Armut reden, sondern über die Unehrlichkeit der Übersetzungen, über die Anmaßung, einen Text von Kelemen in meiner deutschen Sprache abdrucken zu lassen, und niemand wehrt sich, niemand durchschaut mich oder weist mich zurecht, daß ich aus der einzigen Vergangenheit Kelemens immer wieder drei verschiedene heraushole. Das tue ich. Und wenn er beschreibt, was er tat, was alles geschehen ist und dabei urplötzlich, einfach zwischendurch, weil es ihm gefällt, von jener Vergangenheit so schreibt, als sei es Gegenwart, weil er plötzlich alle Zeiten vergißt, gehe ich ein wenig im Zimmer herum, überlege, ob ich das ebenso nachvollziehen sollte; dann wäre der deutsche Text verrückt wie der ungarische, wobei Kelemen nichts Neues an Verrücktheit erfunden hat, sondern eine gewöhnliche verrückte Möglichkeit nützte, womit die deutsche Version verrückter wäre als das Original, überlege ich, setze mich, übersetze die plötzliche Lust Kelemens an der Gegenwart in die Vergangenheit und habe mich wieder an der Wahrheit vorbeigewunden.

> Dachte mit acht und mit zehn und mit zwölf Jahren, an der Spitze zu sein, obendrauf auf den früheren Jahren, die immer gleich viel blieben, und sah das bis zum Schluß nicht anders, was war, blieb hinten, und vorne war das, was eben war.

Gerade wegen diesen, auch für einen selbst nicht leicht durchschaubaren Unehrlichkeiten lohnt es sich, zu übersetzen. Es ist interessant zu lügen. Wenn Übersetzungen klare oder selbstverständliche Gleichungen wären, wäre alles ehrlich und selbstverständlich, so daß man sie nur auswendig lernen müßte. Die Unehrlichkeiten, oft freundlicher umschrieben, erfordern Phantasie. (Darum sagen viele, daß die Übersetzer unterschätzt werden, was sie wirklich werden, und sie sagen, die Übersetzer seien wie Dichter, was sie nicht wirklich sind, weil sie immer auf der vom Autor festgelegten Schiene weiterfahren, trotz der kleinen Umlenkungsversuche, die sie unterwegs begehen.) Eine Phantasie, die Lücken ausfüllt, das ist anregend, eine Phantasie, mit der jemand vortäuschen kann, Ungarisch sei wie Deutsch, ist interessant und für den, der sie hat, ist sie anregend.

Heute kann ich, wenn ich will, nach Konstanz fahren, dann weiter nach Mailand, zu einer Ausstellung von Richard Serra. Drüben, hinter Konstanz, liegen die Alpen, und ich kann nicht feststellen, wem sie gehören. Niemandem, wie sie aussehen, manchmal, und dann stehen sie da und bieten sich an, jedesmal anders, einmal zeigen sie ihre gigantische Silhouette, nur Stunden später die Flanken. Die Flanken liegen unter der Silhouette und sind grün, der See sieht jedesmal anders aus, aber auch wenn alles gleichzeitig sichtbar wird, gehört nichts jemandem. Fahre ich nach Konstanz und will weiter nach Süden, will ich damit die Alpen nehmen, haben, und sie gehören mir, oft aber, warum auch immer, stehen sie für sich und haben mit gar niemandem etwas zu tun, das aber ist keine Landschaftsmalerei, es ist eine rein politische Frage, wem ein Stück Land gehört, ist eine politische Frage.
Fahre ich nach Mailand, will ich mir Richard Serra nehmen, will ich haben. Das kostet zwei Tage, es kostet mich etwas, ihn zu bekommen. In diesem Fall würde ich mit Kelemens Buch (ist das Buch eine Herausforderung?) zwei Tage später begin-

nen; Peter erwartet mich in Konstanz an der Fährstation, ich würde in seinem Kastenwagen mitfahren, eventuell könnte ich unterwegs lesen, anstatt mit Peter zu reden. Ich werde mit Peter nicht reden, sondern lesen, auf dem Schreibtsich liegen außerdem fünf Seiten, die ich übersetzen muß, so daß in diesem Monat für Michael drei Tage bleiben oder fünf, wenn ich zu Hause bleibe, später einmal werde ich über ihn schreiben.

Falsch, beinahe falsch, eine beinahe falsche Sprache und damit beinahe richtig; das Denken einer Sprache in eine andere Sprache zu setzen ist, als wollte man der anderen Sprache ein neues Programm geben. Warum sollte nicht jemand einmal wollen.

Ein Satz Kelemens hieß in meiner Übersetzung: „Eine niveaulose Versuchung ist keine Versuchung", und das stimmt so genau, auch in anderen Übersetzungen könnte es kaum anders heißen, ein eindeutiger Satz, beziehungsweise liegen die ungarischen und deutschen Eindeutigkeiten sprachlich parallel, und der Satz stimmt, von vornherein, so, wie er gedacht wurde. Die wirkliche Versuchung ist erstklassig, schreibt er dann, und das hieße, die wirkliche Versuchung ist eine Herausforderung. Zum Beispiel ist also dieser Satz eine Herausforderung, und ich würde ihn jederzeit übersetzen.

Während ich an den herausfordernden oder nicht herausfordernden Sätzen Kelemens sitze, mit ihnen in den beiden Zimmern herumgehe, zum See hinunterschaue, nach einem passenden Wort, der passenden Zeit suche, nach der Entsprechung, über die ich sozusagen heimlich lache und bei jedem Satz, manchmal auch mit dem Wörterbuch, mit dem Sprichwörterbuch, dem Synonymwörterbuch hantiere, verlangsamt sich der Text. Das Original und die Übersetzung werden langsam. Sie bleiben stehen, liegen. Teile, die vorher kaum etwas bedeuteten, sind vergrößert, hinter einem Vergrößerungsglas, dort liegen sie gewölbt, hinter einem Verlangsamungsglas, und weil ich es bin, die die Verlangsamung verursacht; verändere ich mich, wie die Sätze, komme auch ich in einen neuen Zustand, ich bin langsam und bleibe sogar stehen. Allmählich verlieren die Bestandteile des Textes ihre früheren Proportionen und Zeitmaße. Einzelne, abgetrennte Sätze sind interessant und haben ein eigenes Zeitmaß.

Über Zeitmaße zu reden lohnt es sich, eine Woche, zwei Tage, vier Monate, sieben Tage, sieben Nächte und am dritten Tag, das ist die Tonlage der Märchen, oder nach sieben Jahren. Die drei Tage oder die sieben Jahre sind nicht nur wegen den Zahlen beeindruckend, sondern weil von der Zeit die Rede ist.

Auch in den Übersetzungen ist die Zeit unbegreiflich. Während Teile einer Erzählung Wort für Wort etwas wie eine Entsprechung in der anderen Sprache bekommen, ist die Erzählung keine Erzählung mehr, sie erzählt nur noch satzweise und übermäßig laut, und damit malt sie genauere oder ungenauere Bilder, als man vorher angenommen hätte. Es gibt drei Aggregatzustände, Wasser, Eis, Dampf, manche Sätze werden zähflüssig. Aus dem Zusammenhang gerissen stocken sie, oder sie fliegen davon.

Wenn es gut geht, haben beim Wiederlesen alle Sätze ihr gewöhnliches Tempo, beziehungsweise das Tempo, das ihnen als ganzer Text auch im Original zusteht, und das zu beobachten tut dem Kopf trotz aller Eile gut.

Dabei beeile ich mich nicht nur, weil ich schnell zur eigenen Arbeit zurückkehren will, sondern weil mit den Übersetzungen nichts zu verdienen ist. Am besten wäre es, schnell viel schlecht zu übersetzen, Geld zu verdienen, und dann hätte jener Schweizer Schriftsteller in Berlin sein Vergnügen und hätte bei der schwachen Übersetzung die Möglichkeit, die Stärke des Originals zu hören.

Wer übersetzt, ist, während er das tut, in einer anderen Verfassung, als würde er etwas eigenes schreiben. Wenn er Kelemen vor sich liegen hat, freut er sich voranzukommen, freut sich über die deutschen Sätze, und wenn er Kelemen übersetzt, bleibt er einen Tag an einem langen Satz hängen, und der Übersetzer weiß nicht mehr, wie lang der Tag ist.

Aber was heißt Zeit! Es müßte zehn oder hundert Zeiten und Vergangenheiten geben und selbst dann, was könnten sie schon besagen. Daß etwas noch nicht ganz vergangen ist? Daß etwas restlos vergangen ist. Und wie heißt das, das so sehr vergangen ist, daß davon niemand mehr weiß? Was soll die Zeit! Es gibt viel zu merken, verstehen, bewahren, vergleichen, zu unterscheiden, mögen, überwinden, verschmerzen, auszusondern, abzustoßen, in welcher Zeit!

Nach einiger Zeit, wenn immerzu von Kelemen die Rede ist und von seinen Wörtern, die es dann auf deutsch gibt, bin ich verändert, das sagte ich schon, ich bin zugelagert von dem, was er denkt, das hat oft einen Witz, als ob es mein eigener Witz wäre, und ich habe natürlich etwas verstanden, wenn der Witz bleibt, was er ist, auch in meiner Sprache, aber es ist nach wie vor seiner, ich gehöre mir, nicht ihm und liege unter seinen Wörtern. Darum bin ich erstens verändert, wenn ich mit ihm zu tun habe, und zweitens bin ich verändert, wenn ich mit Peter zu tun habe. Ich schaue dann sogar anders, vermutlich sehe ich auch anders aus, und ich bin eine andere, bin wirklich eine andere, schaue dadurch anders aus, weil, und davon bin ich fest überzeugt, jeder so aussieht, wie er ist.

Wenn ich aber verändert aussehe, bin ich eine andere, und nach einer Weile mit Peter bin ich ebenfalls in einer anderen Verfassung.

Zuletzt ließ er einen übermannshohen oben offenen Würfel aus Aluminium anfertigen, und als dieser im Ausstellungsraum angekommen war, lehnte Peter ein gelbes flaches Glasquadrat an die Wand, beide Körper standen im Raum offensichtlich als Körper, so daß man lange zu schauen hatte, allmählich wurde ich dabei immer ruhiger, zunächst allerdings beunruhigt durch so viel Körper.

Durch die Umgebung verändert sich dann am Ende der ganze Lebenslauf, ich lebe und schaue.

Daher ist Peter wichtig, und so ist es auch mit Kelemen, ich muß nur möglichst schnell genau sehen, was sich durch sie jeweils ändert. Ich stehe ohnehin zwischen unterschiedlichen Welten, nicht nur zwischen den zwei Genannten, ihnen beiden, die ihrerseits bei sich sind, soweit ich es sehen kann, sondern ich habe, wenn ich das von der angenehmen Seite sehen will, verschiedene Blickwinkel, das ist nicht gut gesagt, aber es ist so, und damit ist es dann richtig gesagt, beziehungsweise gehöre ich sogar zu verschiedenen Ländern, um nicht zu sagen, daß ich zu keinem gehöre, was die zwei ihrerseits nicht so sagen, und von der angenehmen Seite her ist im Augenblick das Selbstverständlichste, allmählich nicht zu einem bestimmten Blickwinkel oder zu einem bestimmten Ort zu gehören, so daß ich von dieser Seite sagen könnte, daß die Sehnenscheidenentzündung im Kopf, diese Eile, die Verfassung ist, mit der ich am besten sprungbereit für verschiedene Orte bin, wenn ich nur genau verstehe, wovon dabei die Rede ist. Als ich aus Breda zurückkam, sah ich anders aus, ich weiß, als gäbe es verschiedene Leben innerhalb von meinem. Ich weiß nicht, wie das aussieht, was sich verändert; es lag nicht an dem Schlapphut aus Amsterdam, der kurze Zeit später verlorenging, und es lag nicht an der Unausgeschlafenheit, an den langen Abenden; tags schrieb ich den Text für den Katalog, hatte mir vorgenommen, mich mit keinen vorsätzlichen Gedanken zu beschäftigen, nur zu schreiben, was ich sah und was mir dadurch einfiel, weil ein solches Denken (das ist etwas ähnliches wie Zuschauen) die Gelegenheit gibt, etwas Neues zu denken, sobald es aber einen Vorsatz gibt, kann dem, der dem Vorsatz gehorcht, nur etwas dementsprechend und nichts Überraschendes einfallen.

Das war schon auf der Insel Videy so, in Reykjavik, als Peter die Basaltblöcke aufstellte. Als alle Pfeiler standen, mußten alle, die da waren, die Insel entlangschauen, von einem Pfeiler zum anderen, eine andere Möglichkeit gab es gar nicht, als zu schauen. Die Basaltsäulen, die er über die ganze Insel verteilt hatte, paarweise, und die das gesamte Gelände als eine große Einheit erscheinen ließen, lenkten den Blick ins Unendliche, so stand es in der Zeitung, sie lenkten nämlich den Blick ins Meer hinaus, durch die Basaltpfeiler war die Insel kleiner geworden, wir gingen mit einem anderen Tempo über die moosige Erde, und diese Tempoveränderungen beschäftigen mich immer noch, jetzt in einem anderen Sinn.

Wie langsam aber ein Satz werden kann, ist etwas anderes, kaum vorstellbar, für einen Außenstehenden ist es unbegreiflich, daß sich ein Satz vollkommen verlangsamen und einen ganzen Tag einnehmen kann.

Kelemen erinnert sich, und er schreibt darüber. Gut. Jeder Schriftsteller erinnert sich an seine Umgebung, sein Umfeld,

Umfeld, Raum, Platz (auch als Straßenbezeichnung) wird im Ungarischen mit einem einzigen Wort bezeichnet. Auch spacio kann dieses eine Wort noch heißen, alle Bedeutungen können von dem einzigen Begriff verschluckt werden, oder umgekehrt, alle diese Bedeutungen können aus dem einzigen Wort vorkriechen.

das muß er, er muß einen Raum, einen Platz finden, der ihm wichtig ist, so daß er sich erinnert und schreibt. Kelemen beschreibt die Kugeleinschüsse auf dem Petöfiplatz, und ich übersetze, während mir der nicht mehr schöne Petöfiplatz und die eigenen Erinnerungen einfallen, ich übersetze Kelemens Petöfiplatz, oh, er hat ihn, besitzt ihn, was mich diese Leute müde und wütend machen, die ihr bestimmtes Umfeld haben, und ich sitze am Schreibtisch, mit übergeschlagenen Beinen und den vielen Zigaretten in der Hand, im Aschenbecher, mit den schmutzigen Fingern fahre ich mir an die Augen, und ich glaube, auch noch Kelemens Petöfiplatz übersetzen zu müssen, als hätte ich keinen eigenen.

Das sieht aus, als hätte ich keinen eigenen Petöfiplatz, keinen Alexanderplatz, keinen Susoplatz in Überlingen. Glaubt das jemand! Und unter meinem Morgenmantel hängt daher ein Unterrock hervor. Wer etwas verschweigt, dem muß es so ergehen.

Was ich nicht sage, erdrückt mich. Ich habe sehr wohl einen Alexanderplatz, einen Raum, ein Umfeld, und natürlich werde ich Kelemen trotzdem übersetzen, er kommt ja aus dem Osten, aus dem Osten Europas, das Mitteleuropa genannt wird, das die Mitte ist, dahin gehört er, ich bin links außen, das ist der Westen, ziemlich mittig, mittig heißt wichtig, mittig heißt nicht mittelmäßig, das Wort Mitte ist in jeder Sprache ein uraltes und damit wichtiges und unersetzbares Wort, mein Linksaußen im Westen ist wichtig, damit Kelemen nicht zu weit rechts ins Abseits gerät, und Mitteleuropa muß hier bekannt werden, dieser Satz wankt, als hätte er gerade mit jemandem geschlafen und sei zu schnell aufgestanden.

Inzwischen aber liegt mein kleiner Hund neben dem Schreibtisch, wie ein Teppich, ein Teppichtiger ohne Lebenslauf, immer liegt er da und wird dicker, weil ich mich nicht rühre, immer schaue ich zu, wer einen eigenen Lebenslauf und ein Umfeld zu bieten hat und übersetze das dann nach links außen (so sieht es aus, wenn ich vor der Landkarte stehe), und den Hund gibt es, weil Gertrude Stein einen kleinen Hund hatte, von dem sie sagte, sie sei sie, solange der sie erkenne. Als eine Fortsetzung dazu gibt es den Hund neben dem Schreibtisch, allerdings riecht er gut, und das allein ist schon Lebensbeweis.

Außer dem Geruch gibt es die Stimme. Beides sind mittlere Dinge. Kelemen, der sich, weil er weit weg wohnt, meist telefonisch meldet, hat eine Stimme und am Telefon sonst nichts, die Stimme ist dann der ganze Mensch, er besteht aus Hormonlagen, die zu hören sind. Diese Stimmungslagen in der Stimme richten einen Raum ein, und davon abhängig entscheide ich mich für das Übersetzen oder für eine Absage, außer, ich denke an Osten und Westen, an die Pflichten, die ich habe in einer großen Sprache, während ich ebenfalls ein Umfeld habe, zu dem ich nicht komme und es bald verlieren werde, so daß ich mit allem, was ich habe oder bin, wütend werde, als hätte ich getrunken und wäre leider nüchtern geblieben.

Kelemen sagte am Telefon, mit der Erzählung, die er mir kürzlich zur Übersetzung gegeben habe, könne er eine Art Ausschreibung gewinnen. Es sei außerdem so gut wie sicher, daß er mit der Ausschreibung einen Landespreis bekommt, weil die anderen, das habe man ihm kürzlich versichert, bereits ausgeschieden seien, und da er gerade zwei Fahrtstunden von mir entfernt sei, für einige Tage wohne er in der Nähe von Ulm, wäre es für ihn wichtig, mich mit dem übersetzten Manuskript zu treffen. Ich fuhr hin, draußen lag Schnee, aber ich kam wirklich in zwei Stunden bei ihm an, fand vor dem Haus, das er mir gut beschrieben hatte, gleich einen Parkplatz und freute mich auf das Gespräch. Fast immer haben wir etwas darüber zu lachen, was in der Übersetzung noch auf andere Weise hinzubiegen, vorzutäuschen und wie ein flüssiges oder ein entsprechendes Deutsch zu simulieren wäre, oder Kelemen entdeckt ein Mißverständnis, also einen richtigen Fehler, er kaut an den Nägeln und lacht schadenfroh. Manchmal kommt ihm die deutsche Version umständlich vor, die Genauigkeiten, die unvermeidbar sind, damit der deutsche Satz ein deutscher Satz und überhaupt erst verständlich wird, erscheinen ihm schwerfällig, dann allerdings lacht keiner von uns beiden, sondern ich kämpfe gegen ihn, ich weiß gar nicht, ob ich für seinen Text oder für die Sprache kämpfe, bestimmt aber nicht wirklich gegen ihn und bin hinterher müde.

Ich trat ins Haus, und dort standen in einer unerwartet großen Vorhalle etwa zehn Leute, einige saßen still auf den Bänken neben der Wand, wie bei einer Behörde. Sie sagten, daß es im Haus nirgendwo Türschilder gäbe, und niemand wußte, in welchem Raum sich Kelemen aufhielt. Er sei aber zu Hause, das wußten sie, und alle warteten auf ihn. Ich entdeckte, ich entdeckte wirklich überrascht, daß ich in beiden Händen eine brennende Zigarette hielt, und beide löschte ich schnell, weil ich Kelemen das zu bringen hatte, was für ihn sicher das Wichtigste war, er wartete auf die Übersetzung, um sich rechtzeitig für den Preis zu bewerben, ich mußte ihn einfach hinter jeder Tür suchen, aber da hörte ich seine Stimme durchs Mikrophon. Er rief einen Namen, und gleich darauf ging ein junger Mann los, schnell stieg er die Treppen hinauf.

> Wenn die einsame Arbeit gerade vorüber ist
> und bald die Gäste kommen
> die Gäste endlich wieder abgefahren sind
> sie aus Toronto ankommt und sehr früh schon still wieder arbeitet
> sich von heute an nicht mehr mit den Nachbarn trifft
> sich gestern verliebt hat
> und nun mit dieser Liebe endgültig und richtig Schluß macht
> Übergänge von Aggregatzuständen, und es wäre lächerlich, sie mit Abwechslung zu verwechseln.

Und niemand stört sich daran, daß ich seine Sprache, lingua, auch im Ungarischen Zunge, in den Mund nehme, verändert wieder aus dem Mund nehme, sicher läßt es jeder zu, weil alle wissen, soll sie doch, hinterher rennt sie doch weiter. Aber seinen Kopf nehme ich mit, und übrigens sage ich ihm, wenn wir uns treffen, auch meine Sätze, die er mitnimmt, dann finde ich sie in seinem Buch wieder. Und ich setze sie um. Was ich alles von dem, was ich gedacht habe, für mich ins Deutsche, für ihn in der Unterhaltung ins Ungarische, von seinem Ungarisch wieder ins Deutsche schon übersetzt habe! Aber alles und auch das gehört zu einer großen Konversation, und vor allen Dingen ist alles grundsätzlich eine Übersetzung.

Auf die Dauer kann ich unmöglich sowohl Kelemen als auch Peter folgen, und ich werde hoffentlich in der Lage sein zusammenzufassen, worum es geht, daß nämlich das richtige Hinschauen, was sich in der Sprache und auch im Sinn bemerkbar macht, fortgesetzt werden muß, es ist nichts so leicht fertig, und was die Stein immerhin auf englisch begonnen hat, muß im Deutschen auf eine neue Art, auf eine ganz neue Art fortgesetzt werden, etwas fortzuführen, das ist, etwas so zu bewahren, daß es nie genau das gleiche ist (daß es etwas anderes wird), als es war, und Deutsch ist eine sehr schöne Sprache, für die ich alles tun will, diese Sprache hat sehr viele Möglichkeiten, auch sehr viele Veränderungsmöglichkeiten, zu denen ich vielleicht Zugang habe, während jeder ich ist, der Zugang hat, der einen Schritt zurücktreten kann, um zu sehen, was es mit dieser Sprache überhaupt auf sich hat, dabei ist es dann nicht schlecht zu wissen, daß immer jedes Wort von vornherein eine Übersetzung ist, was auch begründen würde, daß ich weiter übersetzen soll, um nicht aus dem Gedankengang zu fallen, allerdings muß ich mir die Zeit nehmen, daran zu denken, was ich beschreiben will, das, was ich dabei denken will, muß ich betrachten, Michael muß ich mir zunächst einmal in aller Ruhe vorstellen können, seine Sprachlosigkeit, seinen sprachlichen Ausdruck, der sich zwangsläufig verändern muß, weil er jedes Wort, das er denkt, aufschreiben muß, seine guten, sparsamen, so auf eine schlagfertige Vereinfachung bedachten Wörter, übrigens war Michael, der wirkliche Michael, der Anfang der vierziger Jahre starb, ein schöner Mann, einer, ein Ungar und ein Dichter, der, als sei nichts dabei, sich dem Westen zuwandte, was anderen vorher schwerfiel, sie hatten diesen Weg nicht finden können, das muß ich mir vorstellen können, und was damals für Mihály ausschlaggebend war – das ist, was mich wirklich interessiert – findet nicht unentwegt statt, das ist etwas Einmaliges, aber sicher hat es eine Entsprechung und Übersetzung in die Gegenwart, so daß ich jetzt die Gegenwart anschauen muß; lassen wir dieses Mal den Bodensee, den Süden Deutschlands, die gute Lage an der Grenznähe außer Betracht, obwohl es gerade zur Zeit gut ist, an der Grenze zu wohnen, mir jedenfalls tut es sehr gut, um immer zu sehen, um bei jedem gelben Ortsschild zu sehen, daß ich mich hier im Süden in Zollgrenzbezirken befinde, aber das muß ich in die Überlegungen nicht einbeziehen, der Nebel draußen verdeckt die Landschaft, so daß wenigstens ein Problem wegfällt, aber irgendwie bin ich trotzdem keinen Schritt weiter.

Aber genau darum geht es, und ich habe auch nicht behaupten wollen, daß die Eile und die Sprungbereitschaft (beides sind ein und dasselbe) einfach schaden, weil ich über das zum Beispiel, was mit Michael zusammenhängt, noch so lange nachdenken mag, das Richtige mir in einem einzigen Augenblick einfallen wird, dann, während mir viele verschiedene andere Dinge eingefallen sind, und als eine Folge, als eine nicht einzusehende, von mir durchaus nicht unbedingt verstandene Konsequenz dieser Dinge, fällt mir das Richtige ein, richtig einen Satz lang, aber aus dem einen Satz entstehen möglicherweise die anderen folgerichtigen Sätze, insofern ist die Eile nicht nur nachteilig. Die Eile heißt, da ist viel. Und viel ist nicht uninteressant, ist heute wesentlich, weil viel aufschlußreich ist.

Unmöglich, über viele Sachen gleichzeitig nachzudenken, sie gleichzeitig im Kopf arbeiten zu lassen. Aber nur eine einzige Sache im Kopf, das geht auch nicht, das denkt sich nicht weiter.

Davon ist die Rede, daß weder Kelemen noch Peter die Entscheidung sein können, und ohne beide geht es ebenfalls nicht. Das heißt, was ist dann die Entscheidung.

Daraufgezwungen war er auf eine von ihm fern fallende Idee, daß er auch nicht ein Wort sagen sollte, weil sonst auch nicht sagen konnte, oder schon verstand er auch keine Wörter (was übrigens vollkommen im Gegensatz steht zu Michael, der nur reden nicht konnte, weil er mit seinem Hals Sorgen hatte, doch völlig und fließend mit Reden zusammenhing, und was er sagen wollte, aufschrieb), mit einem Wort, besser nicht mit dem Wort, sondern also, jetzt, und jetzt seines Lebens Ende gelangte er, plötzlich fiel er auf die Gestikulation, anderes blieb nicht hinter, nur pünktlich die Gestikulation, Punkt das, was bis dahin er bei niemandem trug, doch da weiterhin auch er nachdachte (sich sorgte, ich habe kein ungarisches etymologisches Wörterbuch, schon seit Jahren nicht), da er umwarf, weiterhin Bilder machte, und zwar pfundige Sachen, nun gestikulierte er, daß sie ihn verstanden, er hob seine Hand, die linke Hand, die rechte rührte sich nicht, und auswärts zeigte er, auswärts, aufwärts, er ging los mit seinem ganzen Selbst aus dem Zimmer, ganz weg.

In Peters Gesellschaft beschäftigt mich kaum einmal die Frage, in welches Land ich gehöre, und ich fahre mit ihm in verschiedene Länder. Als ich gestern früh aus Überlingen abfuhr, standen die Alpen ungefähr in der Höhe, wo sonst die Mitte des Himmels ist, und der See lag in einer dunklen Tiefe, weit unterhalb des Meeresspiegels, das war ein Bild, das unwirklich erscheinen mußte, obwohl ich nur von einem etwas ungewöhnlichen Alltag rede, weil ich aber von dem Anblick nur reden konnte, hörte Peter nicht zu, er geht mit Landschaften um, verändert sie, sieht sie, aber oft kommt es vor, daß er die Sätze nicht hört, manchmal hört er sie, meistens nicht, er schaut an mir vorbei und schielt beinahe und ändert sich, wie hier das Wetter. Ich sagte ihm, ein Schriftsteller sei besser dran, der könne ihm bei der Arbeit zuschauen und darüber reden, er hingegen könne mit dem, was einen Schriftsteller berührt, wenig anfangen. Er hörte mich nicht. Auf seine Weise wußte er trotzdem, was ich meinte, und er war gereizt, er sagte, ich müsse ihm nicht zuschauen.

Dann stand ich neben ihm, bei der Ausstellungseröffnung in Karlsruhe standen sehr viele Frauen um die Maler und Bildhauer herum, die Galerie gehörte einer Frau, zwei Frauen kamen von Zeitungen, wollten ein Interview, drei Kunsthistorikerinnen haben sich vorgestellt, im Hintergrund lief das Lied Groupies, Andrea, gerade aus Toronto eingetroffen, war mit dabei, und der Katalogbeitrag für Peter stammte von mir, während ich nicht sagen möchte, daß alle, die Frauen sind, ich sind, das wäre eine Vereinfachung, die so nicht stimmt.

Peter und ich kommen miteinander gut voran, das kann niemand leugnen, ich sage meine Sätze, und er freut sich, daß in seiner Nähe Sätze gesprochen werden, das wärmt ihn auf, plötz lich hört er sogar zu, nur vergißt er alles wieder. Er kann sich keine Sätze merken.

Eines Tages ging ich am Donauufer spazieren, mit meinem kleinen Hund, und jeder, der einen kleinen Hund hat, ist ich, und da war die Donau weniger breit als das Jahr zuvor, weil es an den beiden Ufern kaum noch Leute gab, die langsam einhergingen, während auf der Straße hinter ihnen, am Kai entlang, auf beiden Donauseiten einige Wagen fuhren, so war es vorher, sondern die Wagen fuhren unentwegt, und es lag ein blaudampfendes Band an beiden Donauseiten, während sich nur wenige Leute, meist mit Hunden, vorsichtig zwischen den Wagen zur Donau vorwagten. Ich wußte nicht, wohin der bestimmte Glanz, den es vorher gegeben hatte, verschwunden war. Woher sollte ich es wissen. Wahrscheinlich war auch früher kein Glanz vorhanden, sondern nur die Möglichkeit, an der Donau ruhig sitzen zu können, das taucht bei mir in den belanglosesten Träumen auf, der breite Fluß und dahinter die Stadt auf beiden Seiten. Woher sollte ich wissen, warum kaum jemand an der Donau saß. Seit einem Jahr war ich nicht mehr in Budapest gewesen, es gibt viel zu tun, und ich bin selten dort, einerseits gibt es Ungarn, und dann gibt es noch Deutschland, so daß niemand gleichzeitig immer an beiden Orten sein kann, und niemand kann unentwegt wissen, wie es hier und wie es dort ist. Leichter ist es, nichts zu wissen. Wer überhaupt das erste Mal die Donau in Budapest sieht, hat einen entscheidenderen Eindruck, er nämlich hat das richtige Zeitmaß und denkt, so ist das hier. Damit gehört die Donau ihm. Die anderen, unentschiedeneren Leute, die bei jedem Satz das Einfachste erst erfinden mußten, die sich also nach dem Spaziergang einen Kaffee bestellten, als hätten sie das so und an dieser Stelle, in diesem Café alltäglich getan, die getan haben, als gehörten sie an diesen Ort, die sich kaum umschauten, um nicht fremd zu wirken, die die Tische und die Leute im Café sehr lang nicht mehr gesehen und den Kaffee so nicht geschmeckt haben, die waren, das muß ich nicht erst sagen, ich.

Doch kaum, daß ich mir die Zigarette angezündet habe, während ich in der schönen kleinen Tasse herumrührte, drehte ich mich um, hinter mir saßen Peter und Kelemen, sie starrten beide auf die Tischplatte, so daß offensichtlich etwas zwischen ihnen passiert war, für den Augenblick etwas Entscheidendes, Kelemen hob die Hand, sie waren traurig?, aufgebracht, entsetzt, aber Kelemen zog mit der Hand Peter an sich, und zumindest für den Augenblick waren sie gut daran, keine Ausreden, nur der Schrecken, schließlich steht es allen ungarischen Autoren zu, weiblichen und männlichen, Peter zu lieben, und es wäre ein trauriger Witz, wenn es nur Peter und mich und Kelemen und mich gäbe, was ich mir wünschte, Peter jedoch legte, in Budapest, in dem Café, in dem ich saß, seine Nase an Kelemens Nase, damit sie sich ernsthafter in die Augen schauen konnten, was brauchten sie Übergänger, Zwischenläufer, Agenten, Vermittler, den Übergang brachten sie, wie sie gerade interessiert waren, selber zustande, aus zwei verschieden verankerten Welten, aus denen sie kamen.

Ich habe lange gebraucht, bis ich es aussprechen konnte, Agenten und Spione, das sind Fremdwörter, etwas Unangenehmes, und das bin ich, das habe ich immer schon sagen wollen.

Dazu mußte es ja kommen. Die große, lebensverändernde Liebe zwischen Kelemen und Peter. Wovon die Welt allmählich etwas zu Recht und gerne erfuhr, sie war nicht zu verheimlichen, und sie veränderte die Welt, Kelemen schrieb, Peter malte, beide blieben bei sich, gaben einander, was sie hatten, waren nicht zwischendurch auch noch etwas anderes, drittes, wie lächerlich, daß gerade ich mich ich nenne, nur wegen des kleinen Hundes, und nur, weil ich über Michael schreiben will, will! Du meine Güte, ich werde ohnehin nicht dazu kommen, ich werde übersetzen, niemand ist so wenig ich wie ich, das muß ich endlich sagen, ich, das sind Kelemen und Peter, und sicher liegen sie, wo sie das auch einzurichten wissen, weil sie ICH sind, schon in dieser Nacht miteinander, das ist nicht auszuhalten, warum sollte ich das aushalten, dachte ich, im Ungarischen könnte ich jetzt bei der Gegenwart bleiben, obwohl es vorbei ist, zum Glück ist das längst vorbei, ich könnte das in der Gegenwart beschreiben, obwohl ich es sehr schlecht überstanden habe, die historisch hervorgehobene Vergangenheit, schrecklich (psychologisch nützlich) gegenwärtig, funktioniert im Deutschen nicht immer, aber wie für mich mit ihnen entgegengesetzt in der Freude die Zeit stehenblieb, machten sie mich schalu, ich war dumm, verdummt, jetzt mag ich in diesem Zusammenhang nicht nachschauen und behaupte einfach, daß schalu mit dem französischen jalous zusammenhängt, und die Deutschen, die wieder nicht sehr körperlich gewesen sind, trotz aller Versuche, ehrlich gemeinter Versuche, sagen schalu, wenn jemand durcheinander dumm ist, während gerade die Nichteifersüchtigen mehr als dumm, nämlich halb tot sind. Dieses Aneinander in dem Café, in Budapest, ausgerechnet in meiner Gegenwart, nicht vergeblich ist die Welt in Territorialräume unterteilt, dies in den Mund hinein, von Kelemen zu Peter und in den Blick, und umgekehrt, von Peter zu Kelemen. Was heißt bildende Kunst, wen bildet sie, sie will nur, sie will es nur gut haben.

Mein kleiner Hund bellte, als ich zahlte, das tut er immer, ich kann es ihm nicht abgewöhnen, und bei dem überraschenden Ton schauten die beiden hoch.

Nichts werden sie ohne mich tun, sagte ich mir. Aber da war die Donau schon angeschwollen.

Eine Art der Fortführung wäre zum Beispiel, daß niemand mehr etwas tut, nichts mehr, ich auch nicht, die Fortführung, etwas zu vereinfachen, etwas einfach von vielen Seiten zu sehen, unangestrengt zu sehen, das ist, sich nicht mehr anzustrengen, nichts mehr zu tun. Den See und Überlingen will ich nicht vernachlässigen, im Gegenteil, denke vielleicht an die zu erledigenden Mengen, denke an Mengen und ihre Maße, in Wirklichkeit aber breite ich die Arme aus und beobachte einzig den See, und soweit ich das mit dem jetzigen

Zeitmaß, innerhalb einiger Monate herausfinden konnte, geht es da um nichts so sehr wie um das Licht. Das Wesentliche an diesem See und seiner Umgebung ist das Licht, das unentwegt wechselt, so daß das Beobachten schließlich auch etwas wie ein Tun ist, und vielleicht stellt sich dabei sogar etwas heraus, das ist oft gerade mit der Ruhe möglich, und dann ist viel zu tun, aber zunächst nichts.

Aber jetzt folgt ein oder. Oder ich werde etwas tun. Es ist viel zu tun, jetzt nämlich hat Kelemen angerufen, ob sein Buch angekommen sei, und ob ich gleich ein Stück lesen könnte. Wahrscheinlich wäre es ratsam, sich eine halbe Stunde hinzulegen, mir klopft das Herz, denn ich kenne Ungarn schon ein wenig und würde, obwohl es mir nicht leichtfiele, gerne darüber schreiben oder darüber, was ich hier gesehen habe, aber wahrscheinlich werde ich denken, daß Kelemen möglicherweise etwas geschrieben hat, womit man ihn nicht allein lassen kann, nicht in seiner sogenannt kleinen Sprache. Er hatte am Telefon eine schöne Stimme, sein Alter war kaum zu hören, und er hat bisher wirklich wunderbare Sachen geschrieben, zum Beispiel diesen sechs Seiten langen Roman über die Pferde, ein richtiger Roman und nur sechs Seiten, aber wer ihn liest, hat das Gefühl, etwas über mindestens hundert Jahre erfahren zu haben, sieht auch die Pferde, es ist wirklich von einem Roman die Rede.

Leider kennt hier diese erstaunliche Geschichte, die in ihrer Kürze lang ist, niemand, obwohl sie ins Deutsche übersetzt vorliegt, so daß ich, wenn ich mit jemandem darüber reden will, alles nacherzählen muß. Was ich lese, lese ich allein und erzähle dann davon. Dabei ist am Lesen das Schöne, jemanden zu treffen, der das kennt, was man selber gelesen hat, damit beide vergleichen können und einer der beiden sofort einen Satz wiederholt, den er noch weiß, und der dem anderen dann wieder einfällt, wenn er ihn nicht ohnehin ebenfalls weiß.

Aus seinem neuesten Buch, das schon übersetzt ist, hat Kelemen hier einige Mal gelesen und hatte genügend Zuhörer. Er ist nach wie vor ein schöner Mann (was ein schöner Mann ist, darüber werden leider andere nachdenken müssen), und er hat eine freundliche Art dem Publikum gegenüber, er versteht eine Menge Deutsch, nur während er liest, übersetzt er zumindest die Aussprache wieder ins Ungarische. Vielleicht ist das gut so, manches ist nicht recht zu verstehen, manche Schattierungen nicht, dann folgt wieder ein klar verständlicher Satz, und die Zuhörer lachen oft, als hätten sie auf einen Witz gewartet. Ich glaube nicht, daß die Bereitschaft zum Lachen mit der Übersetzung, mit der Aussprache oder mit dem Inhalt zusammenhängt, sondern die Zuhörer lachen zur Zeit gerne.

Bestimmt ist es wichtig, Kelemen zu kennen, und jetzt geht es mir besser, da ich das weiß, alles ist zu tun für ihn, für seine Sprache und für das schöne Deutsch, und da alles eine Übersetzung ist, nicht nur, was ich von Kelemen herüberhole, sondern jedes Wort, das ich schreibe, und weil ich vorankommen und etwas fortführen will in der schönen Sprache von denen,

> von vornherein ein wenig anders, als es schon vorhanden war, weil davon keine Rede sein kann, daß jemand genau das, was schon da war, fortführt, wie auch, wie sollte das jemand tun, das eine ist nicht wie das andere, nur ähnlich, und ähnlich, das besagt wiederum nichts Genaues. Nur was wirklich in jeder Einzelheit so ist wie das andere, ist identisch, aber wirklich genau ist das eine nicht wie das andere, nichts kann wiederholt werden.

die man mit einigermaßen verwirrtem Kopf Hefevorfahren nennen kann, und weil es wahrscheinlich nicht möglich ist, ohne Freunde auszukommen, die malen oder etwas Vergleichbares tun, werde ich nicht ohne sie auszukommen versuchen.

Das heißt, ich werde alles gleichzeitig tun.

Wahrscheinlich gibt es eine Entsprechung für Peters Vorstellungen in meinen Vorstellungen, und darum ist es notwendig, daß wir uns sehen. Etwas wie eine Entsprechung gibt es auch für Kelemens Sätze, manchmal war ich schon erstaunt, wie sehr sie in ihrer Gesamtheit dem Original gleichkommen. Aber ob sie dem gleichkommen oder nicht, bleibt mir überlassen.

Das wäre im Französischen nicht so. Ich habe einen Aufsatz von Derrida vor mir liegen. Da steht: „Jemand kommt, nicht ich, und erklärt (prononce): ‚Mich interessiert das Idiom in der Malerei (en peinture).'" Schön. Jedes Wort ist genau kontrollierbar. In den großen Sprachen ist jedes Wort zu kontrollieren, darum beweisen die großen Sprachen, die für jede Größe allgemein zuständig sind, daß Gedanken kontrollierbar sind. Das sind sie nicht.

Es ist eine Geschichte für sich, ich glaube, es ist eine kleine Kriminalgeschichte, was mit Wörtern im Laufe der Zeit geschieht. Reichen, ausreichen, reich. So reicht nun das Wort, das ursprünglich Ader hieß oder nur Pfad (allerdings nur auf ungarisch) in sehr viele Wörter hinein: erreichen, gelangen, reifen, berühren, sich begnügen mit, Berührung, Verstand, Empfindsamkeit, Sinnlichkeit. Selbst in der Reifeprüfung ist das Äderchen, das Reichen, Erreichen noch enthalten. Ein Langen, Vorankommen. Ob jemand (in Ungarn) an den Zusammenhang denkt oder nicht denkt, das Wort hat ein

Adernetz gebildet, wenn ich von einer großen Sprache erzählen würde, könnte ich das Aderpartikelchen immer in Klammern setzen, und es würde interessieren, es wäre verständlich, und dann gibt es in dieser kleinen Sprache, von der die Rede ist, noch ein anderes Wort, das zufällig das gleiche Wort ist wie das Wort für das bisher Aufgezählte, aber vielleicht, nicht sicher, wahrscheinlich aber anderen Ursprungs ist, es ist jünger, es ist erst zweitausend Jahre alt, es heißt Wert, wert sein, es hat sich mit den anderen, früheren Wörtern dem Gefühl nach völlig vermischt. Ist das nicht nachvollziehbar? Langen nach etwas, etwas erreichen und wert sein? Verdienst, Tugend, Argument, begründen, einschätzen.

Ich möchte es gerne schaffen, erreichen, daß die Gleichwertigkeit, daß die Gestimmtheit dieser Wörter, die im Deutschen nichts miteinander zu tun haben, so angeordnet werden, daß sie in ihrer ähnlichen Grundstimmung gesehen werden. Ein Wort ist eine deutliche Körperbewegung, ein Langen, ein Voran, das Heranreifen, ein Pfad, und auch Verstand, Sinnlichkeit, Wert, Tugend, Ader sind ein Langen.

Anfangs kam mir, sogar mir, dieser Versuch willkürlich vor, obwohl ich das Original in den Ohren habe. Zur Zeit meine ich, der Zusammenhang sei zumutbar und ablesbar, wenn sich jemand die einzelnen Wörter vorstellt.

Es gehört alles zusammen, was ich denke.

Ich will auch nicht mehr an die unterschiedlichen Zustände denken (eher an alle auf einmal).

Mein Gewissen, das muß ich sagen, ist mein größtes Kapital, meine Seelenkenntnis, ohne Seelenkenntnis, was auf deutsch Gewissen heißt, kommt in dem Raum, in den ich mich hineinerinnere, eine Staubschicht auf, die eine Erinnerung nicht durchläßt, und ohne Erinnerung kann ich immer noch ganz gut oder wie auch immer übersetzen, aber nichts Eigenes schreiben, und darum ist das Gewissen ein Kapital.

Aber es ist viel zu tun, und das ist zu langsam gedacht.

Nach wie vor ziehen schwere Schwaden durch meinen Kopf, Wolken. Sie ziehen entschlossen von rechts nach links, und damit kämmen sie alle meine Argumente in ihre Fahrtrichtung. Dann aber kehren sie um, ziehen von links nach rechts, und nun kämmen sie sogar die Entschlüsse in die entgegengesetzte Richtung. Wie die Farbe auf einem Samtstoff, der mal so und mal so gestrichen wird und verschieden aussieht, liegt auch meine innere Färbung mit allen Entscheidungen und Hoffnungen. Sicher ist es nicht überflüssig, über Mut zu reden, wie immer schon, früher war Mut eine entscheidende Eigenschaft, und bestimmt werde ich mich noch entscheiden müssen.

Aber auch eine Privatperson darf vor sich selbst nicht zu privat werden, sonst verschlingt sie sich selbst, sie darf sich nicht zu nahe kommen, der Abstand zu sich, einer Art privater Öffentlichkeit, stärkt die Privatperson in der eigenen Öffentlichkeit gegen das Aufgefressenwerden durch die anderen und sich selbst, und nur mit dem Abstand gewinnt sie etwas Mut.

Ich bin mir nicht sicher, daß es so ist, und mit der Sicherheit könnte man vieles besser sagen, vielleicht bringt die Sicherheit eine bessere Qualität, sie entspringt einer besseren Denkqualität (oder einer schlechteren, manchmal, ich bin mir nicht sicher).

Ungarisch ist keine zerlegende, über die Zusammenhänge grübelnde Sprache, es ist eine verwischende Sprache, in den Verwischungen bringt sie eine neue Logik, die in den (sonstigen) europäischen Sprachen (die sich sehr gleichen, wenn Sie wüßten, wie sie sich gleichen) unbekannt ist, und mit diesen einträglichen Verwischungen versuche ich es, weil sie im Deutschen (Europäischen) versteckt enthalten sind, unsichtbar, wie die Alpen an einem diesigen Tag. Auch wenn sie am Horizont nicht zu sehen sind, sind sie vorhanden, und bei Föhn sind sie sichtbar.

Somit geht es um Mut, Sicherheit, Privatheit, um das Nichtstun und darum, daß jemand für drei Wochen nach Kirgisien fährt, und wenn er wieder zurückkommt, die richtige Übersicht hat, das heißt, die richtige Menge, was hätte er davon, fünf Jahre in Kirgisien geblieben zu sein, das muß man wissen.

Es ist erstaunlich, wie viel die ungarischen Männer wissen, wie sie etwas wissen, und was sie wissen nie wieder aufgeben, was sie einmal meinen, denken sie weiterhin und haben damit dann eine eigene Meinung, und wie es in dieser Hinsicht mit den Frauen steht, die es in Ungarn gibt, ist eine zusätzliche Frage, ich weiß es nicht auf Anhieb, mir scheint, es verhält sich mit den Frauen wie mit den Männern, so daß auch die ungarischen Frauen erstaunlich viel wissen und was sie wissen, nicht wieder aufgeben, dadurch bekommen sie, wie auch die Männer, ein sehr klares Bild von der Welt, was ihnen Ruhe verschafft, eine schöne Stimme, eine ruhige Art zu gehen, so gehen sie, besonders durch die Innenstadt, erzählen einander und zögern nicht. Mit den Männern ist es wirklich so, sie zögern nicht. Kelemens Bruder, für den ich hoffe, daß er hier bekannt wird, der gerne in Turnschuhen geht und Texte schreibt, als seien sie irgendwo in Amerika entstanden, obwohl er noch so jung ist und noch nie in Amerika war, und obwohl er nicht Amerika, sondern sein eigenes Land darstellt, hat einen traurigen oder eher unberührten Blick, einen Blick, als sei er nicht aus seinem Land, sondern aus einem anderen westlicheren Land, aber so jung er auch aussieht, und mit seiner westlicheren Art sieht er jünger aus, als er ist, weiß er alles, was er weiß.

Ich kann nicht genug darüber schreiben, wie notwendig es ist, vollkommen konservativ zu sein, das heißt besonders traditionell, um frei zu sein, sagte die Stein, nun, und die Ungarn sind konservativ genug und halten an einigen Dingen wirklich weitgehend fest. Sonst hätten sie auch ihre Sprache längst nicht mehr.

Außer für verschiedene Zustände, für die ich mich sehr interessiere, interessiere ich mich für persönliche Fürwörter und Namen. Persönliche Fürwörter sind auch Namen, und wie bei ihnen kann ich auch bei den verschiedenen Namen völlig unsicher werden. Michael ist ein Fürwort für Mihály, das für den Mann mit der kranken Kehle, der leider keinen Namen nur für sich allein hat, ebenfalls ein Fürwort ist, so, als sei da etwas übersetzt.

Michael, der viel ernster ist als Kelemen oder Peter, hat mir in seinem Gesprächsheft von dem Rothaarigen erzählt. Der sei immer noch täglich anzutreffen. Er geht, läuft beinahe mit halbgesenktem Kopf durch den Park und wartet auf die Abiturienten, die ihn nachmittags aufsuchen. Die Abiturienten bringen Zettel mit, auf denen ihre Mathematikaufgaben stehen, umständliche Potentialrechnungen, Wurzelrechnungen, sechsstellige und noch größere Zahlen, mit denen der

Rothaarige weiterrennt, die Studenten laufen mit, das sieht aus, als liefe ein Arzt mit seinen Assistenten durch den Park, und der Arzt reibt seinen rechten Daumennagel unentwegt an der Innenseite des rechten Zeigefingers, der Finger ist schon wund, schließlich aber sagt der immerzu vor sich hinflüsternde Rothaarige die Lösung, die angeblich noch nie falsch war, die Abiturienten lachen, sie haben alle kleine Rechenmaschinen, und sie nicken, weil jede Rechenmaschine das gleiche Ergebnis liefert, wie der Mann, für den es nichts Schlimmeres geben könnte, als keine Aufgaben mehr zu bekommen. Vielleicht ist für ihn auch wichtig, mit den Abiturienten durch den Park zu laufen und zu sehen, daß alle so schnell laufen wie er, aber er schaut nie zur Seite, seine Haut ist so brüchig, als könnten ihm die Zahlen, die er unbedingt im Kopf haben will, aus der Haut fallen.

Vorher hatte ich mit dem schönen, traurigen Michael über einen Mann gesprochen, der plötzlich nichts mehr in seiner linken Gehirnhälfte hatte, weder eine Sprache, noch konnte er lesen, er lag im Bett, schaute erschrocken vom Kissen hoch und dachte, nun kann ich weder sprechen noch lesen. Er dachte das, aber in der rechten Hirnhälfte. Die linke Hand und den Mund konnte er bewegen, er versuchte zu sagen, daß er nicht sprechen könne, aber das konnte er nicht, und da bat er mit der linken Hand, das Blatt, auf dem die Wörter standen, zu drehen, nur half das nicht, als die Schrift auf dem Kopf stand, und Zahlen konnte er auch nicht lesen, aber er verstand, daß er das nicht konnte. Er wandte den Kopf ab, sah die grünen Bäume, ohne es so mit Wörtern denken zu können, aber er sah sie und dachte sich etwas mit der rechten Gehirnhälfte, an seinem Hals war der Schweiß ausgebrochen, und mit der linken Hand zeigte er, daß er hinaus wollte, so weit weg von sich wie möglich.

Man darf niemanden mit seinem Kopf allein lassen. Oder mit seinem Herzeleid, das sich Angst gemacht hat. So viele Gründe, gute Gründe hat das Leid schon beisammen, das alles muß es durchmachen, zieht ein langes Gesicht, zieht den Wein in das lange Gesicht, das Leid nickt, es stimmt, was es gedacht hat, es ist draufgezwungen zu glauben, daß es recht hat. Und die Wörter, die es denkt, sitzen zwischen den Augen, lassen sich nicht wegsetzen, wollen nicht aus dem Mund. Jetzt ist es gar nicht mehr das Herz, jetzt ist es der Wein, der das Sagen hat und das Sagen verleidet.

Ein wundes, hundertprozentig echtes Gefühl wollte eingekreist werden. Einmal ernsthaft sein, nichts anderes sehen als das, was in jemandem ist, und es wäre gut, wenn in allem das Wichtigste zu sehen wäre, das, was jemand empfindet und was Empfindung ist. In Augen zu schauen, das sagt viel, daher gibt es Romane. Als ob die Augen, die alles sagen können, alles sagen könnten, und deshalb gibt es Romane.

Was soll ich tun. Michael kann ich auf keinen Fall allein lassen.

Wie ich auch um die Dinge herumgehen und sie anständig von außen herum beobachten will, daß alle Seiten sichtbar auf einmal dargestellt werden und sehen will, daß ich zuschaue, während ich mich in der Sicherheit wiege, und das tue ich, daß die Literatur der bildenden Kunst sogar voraus ist, und obwohl ich sage, daß ich nur sehen will, irgend etwas, interessiere ich mich in erster Linie für Personen. Wie sie zu nennen sind, wie es ihnen geht und welche Entsprechungen es dafür gibt, wie es ihnen geht, wie sich das in richtig übersetzten Wörtern ausnimmt. Es ist schwer, das jeweils natürliche Wort zu finden (Kelemen sagte neulich: Was ist ein Satz? Ich suche dringend danach, was ein Satz ist!), völlig natürlich ist sicher keine Entsprechung. Nur Ähnlichkeiten gibt es. Für jedes Wort gibt es in jeder Sprache eine Entsprechung. Entsprachung. Eine Sprachung, die dem Original und auch der Sprache, in die übersetzt wird, widerspricht, also ent, das heißt dagegen; trotzdem wird jedesmal, ganz gleich wie die Übersetzung aussieht, etwas gespiegelt, das dem Original ähnelt, ein wenig ähnelt, und ich nehme an, daß durch Übersetzungen Sprachen verändert werden können. Merkwürdig ist es, wenn es heißt, eine Übersetzung müßte in der Sprache, in die sie hereingeholt wird, in erster Linie natürlich klingen. Dann ist die fremde Sprache in die bekannte übersetzt, so, als sei da nichts übersetzt, und somit wäre das Folgende passiert. Jemand sagt: Erzähl mir etwas Fremdes, ich möchte Neuigkeiten hören, daher will ich etwas Fremdes hören, aber erzähle das so, daß mir dabei alles vorkommt, als hätte ich

> Kelemens Novelle ist schön. Einmal auch ich möchte Novelle schreiben, müde. Von der Konstruktion her einmal, aber müde und deshalb ungenau und anders ist es gar nicht möglich, an die Seele greifen, die gewohnt mit bestimmten Formen spaziergeht und das obendrein auch will und macht den Weg mit, am See entlang oder in der Stadt, einmal Novelle ausfüllen, wo von dem Mann oder der Frau die Rede ist . . .

es schon gewußt. Natürlich muß ich den Kopf schütteln. Das ist unmöglich, sage ich, ich erzähle dir, worauf du neugierig bist, strenge mich an, dir wirklich etwas Neues zu zeigen, und du bleibst unbekümmert sitzen, weil du nicht wirklich neugierig bist. Du willst eher sehen, daß alles so ist, wie du es kennst.

Übrigens merke ich, während ich mit ihm rede, daß er längst nicht mehr zuhört, und daher bin ich sofort aufgeregt, wobei er weiß, wie er mit aufbrausenden Leuten umzugehen hat, er muß ruhig bleiben, das weiß er, wenn er sehr ruhig bleibt, wird sich der andere noch besser aufregen können, so daß ich ihm sage, und wie eines mit dem anderen unmittelbar zusammenhängt, kann er natürlich nicht verstehen, glaubst du, sage ich, daß auch nur eine Sprache vor tausend Jahren schon so war, wie sie heute ist.

Jetzt lacht er. Das weiß jeder, sagt er.

Vor kurzem hat ein Kollege angerufen, der bisher alles so getan hat wie ich, er wußte, daß es Ungarn und Deutschland gibt und in etwa, wie es in den beiden Ländern aussieht, er wußte auch, daß die Leute, die in Ungarn leben, mehr über Ungarn wissen als er, oder die immer schon hier gelebt haben, mehr über hier wissen als er, er hat Gedichte geschrieben, zwei Bände und wollte gerade ein drittes Buch schreiben, es ging ihm, wie es mir geht, so daß ich sagen muß, er ist ich, und daher habe ich mich angerufen und mir gesagt, daß ich das dritte Buch nicht schreiben kann, weil ich nur eine Art Kunstarbeit tun kann, und da ich nicht aufhören kann, zu helfen und es sich so ergeben hat, daß ich weiterhin kunstübersetzen will, werde ich das dritte Buch nicht schreiben. Nie mehr.

Was soll ich tun. Ich werde von diesem Anruf Michael nichts erzählen.

Übersetzen wir (wir!) alles, was bisher dasteht, übersetzen wir alles, um zu verstehen.

Setzen,
darauf setzen
nicht aushalten, nicht darauf setzen zu können, daß es über

alle Grenzen hinweg um Übersetzungen geht.

Was ist eine Übersetzung,
eine Übersetzung ist natürlich eine Lüge, das haben wir des öfteren gesagt.

Es gibt viel zu tun.

Das, was seit den letzten Monaten gleichzeitig entscheidend ist, habe ich zu zeichnen versucht, habe einen Grundriß, einen Zeitverlaufsgrundriß gemacht, und entstanden ist dabei ein einfaches Dreieck. Natürlich drängt sich alles zur Spitze des Dreiecks, und oben, wo diese Spitze liegt, ist das Jetzt, und entweder explodiert jetzt etwas, oder ich nehme meine Tasche und gehe, um nach Konstanz zu kommen, zur Fähre und setze über.

Jedes Wort ist eine Übersetzung, und bei jedem Wort verzögert sich die Zeit.

NACHWORT

Liebe Leserinnen und Leser,
ohne preisgeben zu wollen, an welchem Ort ich mich zur Zeit aufhalte, möchte ich hinzufügen, daß ich einiges von dem, was ich vorhatte zu sagen, nicht gesagt habe.

An dem Nachmittag, von dem die Rede war, und als ich Kelemens Buch lesen sollte, warf ich einen Blick in dieses Buch, weil mich Kelemen mit seiner schönen Stimme darum gebeten hatte, und gleich auf der zweiten Seite stand, daß Menschen traurig sein können, Tiere aber nicht, und das war dort ernst gemeint, und auf der zehnten Seite stand, daß in Ungarn während der Revolution, die ich dort noch miterlebt hatte, die Leute, die dann in den Westen gingen, mit Autos abgeholt wurden: Jemand läutete und sagte, hier steht unten auf der Straße das Auto vom Roten Kreuz, und wir bringen Sie über die Grenze. Da sollen die Tapferen nein gesagt haben, und sie blieben, und die Nichttapferen fuhren mit, so stand es in diesem Buch.

Es ist erstaunlich, was die ungarischen Männer alles wissen, aber das war nicht so, nicht so einfach, als sei man zu den Winterferien aufgebrochen, vielleicht gab es auch solche Fälle, warum sollte Kelemen sonst so etwas geschrieben haben, aber in Wirklichkeit sind fast alle zu Fuß über die Grenze gegangen, am Neusiedler See, und es war nicht angenehm, auch nachher nicht. Es ist wichtig, daß Kelemen viele Leser kennenlernen und mögen, solche Sätze aber will ich nicht übersetzen und werde sie Kelemen zurückschicken. Daß mir manchmal an ihm etwas nicht gefällt, sage ich ungern, und ich habe mir überlegt, wie ich es doch sagen sollte, und schließlich ist es nun hier im Nachwort sowohl gesagt wie auch nicht gesagt. Und weil ich sogar ohne jeden Absatz weiterrede, ist das, was ich noch anmerken will, beinahe unauffällig, ganz weglassen möchte ich es nicht, aber unauffällig sagen: wie viele ausgemergelte Männer, die sich den Zahnarzt kaum leisten konnten, sich bescheiden mußten, in ihren schmalen, doch immer noch zu weiten grauen Anzügen schmal daherkamen, wie viele von ihnen haben die Nächte mit Übersetzungen zugebracht, und sich also in den Dienst der Gesellschaft gestellt, ohne in den schweren Zeiten ihr Anliegen zu verraten. Es ist gut, daß es sie gab, sehr gut, sie, denen die Glut nicht ausging, die Grundidee, vor allem die hohe Idee der Lust und die Aufmerksamkeit für das Weibliche, auf das Junge, Zahn hin, Zahn her, das eigene Erscheinungsbild einfach beiseiteschiebend, an ihnen, an ihrer herzlich glaubwürdigen Art, an ihnen will und muß ich mir ein Beispiel nehmen, doch weiß ich nicht, wie ich das auf meine Belange umsetzen sollte, wonach und wie ich verlangen sollte, wenn es mir einmal schlecht geht, wenn ich in der Not bin, werde ich mich an sie halten, meine Freude durch die Lust an, jetzt weiß ich wieder nicht mehr woran, aufrechterhalten, und ich werde darüber viel nachdenken. Mit der Zensur hatten sie vor allem ihre Sorgen, und von der Zensur war hier noch gar nicht die Rede, was Zensur und Übersetzung miteinander zu tun haben, wie sich die Lage in dieser Hinsicht verändert hat, überall, während in Ungarn lange Zeit davon die Rede war, daß es eine Zensur, wenn es sie in den Verlagen und Redaktionen gibt, auch im Kopf installiert wird, und das trifft nach wie vor zu, überall. Auch über das Überall wollte ich etwas sagen, weil es sich verändert hat, und das werde ich auch tun, sobald mein Schreibtisch besser aussieht.

Schließlich ein Wort über meinen Computer, der das, was ich schrieb, auf schwierigsten Wegen für sich merkte, auf seine Weise übersetzte und ausdruckte. Er hat ein Rechtschreibprogramm, und entweder schreibe ich, wie er die Rechtschreibung will, oder wie ich es will, entsprechend geht es mit den Wörtern zu, er kann sie korrigieren. Ich fragte ihn nach meinen Wörtern, und er schlug mir folgende Veränderungen vor (seine Vorschläge sind Übersetzungen):

Schilflandschaften: Schiffmannschaften
Festfühlen: Vestibülen, Festsälen, Festzügen
Mitverstorbenen: Mitverschworenen
vorzubereiten: vorübergehen
Homer: Ohme
Glasbilder: Glasspiele, Glaublicher
Landespreis: Ladenpreis
Stilwillen: Stilliegen
Eindhoven: Eindösen
Englischlehrerin: Englischledern

FOTOTEIL

Zsuzsanna Gahse, November 1992

Darmstadt, Kranichsteiner Literaturtage, September 1987

Berlin-Pankow, LiteraturWERKstatt, Juni 1992

LiteraturWERKstatt, Rotations-Performance mit
Christoph Rütimann, Juni 1992

Stuttgart-Weilimdorf, Greutterstraße, November 1992

Stuttgart-Weilimdorf, Greutterstraße, November 1992

Stuttgart-Weilimdorf, Greutterstraße, November 1992

Stuttgart, Schloß Solitude, November 1992

Stuttgart, Buchhandlung Wendelin Niedlich,
November 1992

Stuttgart, „Bei Jan“, im Kunstverein,
mit Wendelin Niedlich, November 1992

Stuttgart, Greutterstraße,
November 1992

Stuttgart, Buchhandlung Wendelin Niedlich,
November 1992

Stuttgart, November 1992